「東京大学、いいところなんじゃない。僕、行かなかったけどね」

日本の教育　「確かな学力」をもとめて

小田切秀穂

22世紀アート

目次

「はじめに」にかえて

「ジャパン・アズ・ナンバーワン」、懐かしい言葉だ。今では死語と言ってよいかもしれない。1979年、社会学者エズラ・ヴォーゲル博士によって書かれた本の名だ。日本で70万部を超えるベストセラーとなった。日本の教育水準の高さ、日本人の学習意欲の高さ、読書量の多さを挙げて日本の強さを語っていた。いずれも今、日本が、日本人が失ってしまったものかもしれない。

しかし、当時から博士は日本の没落を予見していたらしい。その原因に「偏差値教育」を挙げ、それによる社会の階級化を挙げていたようだ。そうであるとしたならば、現在、だいたい博士の予見したとおりになっているのではないかと思う。しかし、この国は凋落してなお、「偏差値教育」に邁進しているように見える。その日本の教育において、東京大学が果たしてきた役割はとても大きなものがあり、またそれ自体が変わってきたのではないかと思う。そろそろ本気で「偏差値教育」と決別しなくてはいけないときかもしれない。しかしそれは、日本を「異次元の国」に変えていくチャンスなのではないかとも思う。

1982年に公立の高等学校の教員になった。当時の教育がよかったのかどうかは、おいておくとして、少なくとも今よりは、生徒も教員も相当にゆとりをもって生活していたように思う。「詰め込み教育」は批判されていたと思うが、「ゆとり教育」はまだ始まったばかりだった。

いつの頃からだろうか、しきりと、「私学を見習ってください」とか「市場原理を学んでください」とか「企業努力をしてください」とかいうようなことを教育委員会の「偉いお役人」や校長が言うのを耳にするようになった。「大学教育がなってないから、創造的な人材が社会に供給されない」というようなことも、まことしやかに経済界から主張されてきたように思う。

ある企業家は、「企業にとって有能であり優秀である、そして採用したくなる、それが最も重要な教育だと思っているわけです」と言っていた。本当にそれでいいのだろうか。このような言葉を聞くたびにいつも違和感を覚えた。これらの主張は本当に正しいのだろうか。これらの主張とともに「教育改革」が声高に唱えられ、それにともなって確実に日本の教育は悪くなってきたように感じる。少なくとも子どものためにはならない、と思われる状況が拡散してきたように思う。

今の世の中、世界中どこでも経済を中心に回っているようだ。日本も当然その中に取り込まれている。経済が成長することが常に「善」であるかのように語られてきた。しかし本当にそうなのだろうかと思う。ずっと「経済学」という学問は学問として成り立っているのかということが疑問だった。近いところから言えば、2023年4月8日、黒田東彦日銀総裁が退任した。10年前に「大胆な金融政策」という言葉とともに「アベノミクス」なるものが始まった。「3本の矢」なるものがあったはずなのだが、結局、「大胆な金融政策」だけで終わってしまったような印象だ。残りの矢はどこへ行ってしまったのだろうか。何の矢だったのかも忘れてしまった。

起こると言っていた「トリクルダウン」は起こらず。インフレもなかなか2％のターゲットには届かなかった。国民の間に経済格差だけが広がったように思う。社会の階級化が進む。黒田氏の任期末期の2022年になって円安が進み、「やっと」インフレが加速した。すると望んでいたはずのインフレがやっと進んだのだから、喜ぶべきではないのかと思うのだが、政府は焦りだしたように見えた。「コストプッシュ型インフレだからよくない」というようなことを経済学者は言い出した。10年前に、「アベノミクス」を推奨していた「専門家」から、少なくともそのような話を聞いた記憶はない。

国会でアベノミクスの失敗に対しての責任を問われた黒田東彦氏は「異次元の金融緩和をしなければもっとひどいことになっていた。責任はない」というようなことを言っていたように思う。「もっとひどいことになっていた」と言うのだから、「今は十分にひどい」ということを認めたということか。「もっとひどいことになっていたかどうか」は別にして、最初に狙った結果から現状はほど遠い状態なのだから、「アベノミクス」は失敗だったということだと思う。当然のこととして責任があると考えるのが普通だ。

この国の「偉い大人」は、責任を取らない。内閣官房参与も務めたことのある経済学者、高橋洋一氏など「まだ足りないからだ」というようなことを言っていたようだが、これも普通に考えて、10年やってだめだったものが、この先続けてもうまくいくわけがないと思う。いわゆる「専門家」といわれる人の言葉が軽い。否、もはや「専門家」というのは「その分野に精通し、専門的な知識と能力のある人」という意味ではなくなっているのかもしれない。この国で生きて行くには、専門家の言うことは本当に正しいのか、しっかりと判断できる賢い市民になることが、まず必要なようだ。

過去を見ても、バブル崩壊、サブプライムローンの破綻、リーマンショックなど挙げればきりがなくなると思うが、普通に考えてだめだろうと思うことが、金融工学というのだろうか、「経済学」では大丈夫なことであるかのように言われて実行されてきたように思う。しかし実際にそこからでてきた結果は、だいたい「大丈夫」であったことはなく、普通に考えればそうなるだろうという結果になっているように思う。その過程で、たくさん儲けた人は数多くいるのだろうけれども。

このような経済学をよりどころとしている日本の経済、その経済において利潤を追い求めている企業家、その企業家から多くの援助を受けている政治家、彼らの言うとおりに教育改革を進めてはまずいのではないか、とずっと思ってきた。

法政大学の前総長、田中優子氏は、「ちょっと前までは、経済を優先することによって確かに多くの人が豊かになりました。しかし今は、経済をよくするというとみんなが豊かになるのではなく、ごく一部の人たち、ごく一部の企業だけが豊かになる。そういう世の中になってしまった。だから経済という考え方を私たちは変えなくてはいけない」というようなことを言い、そして「経済とはもともと経世済民、万民をよくすることを意味している。経済という考え方をそちらの方向へ変えなければだめだと思う」と語っていた。

その通りだと思う。ぜひそうあってほしいと思う。やはり階級化が問題ということなのだろう。

昨年、たまたま一人の経済学者、東京大学東洋文化研究所の安冨歩教授の話を聞く機会があった。標準的な市場理論には、「最適化原理」と「均衡原理」という二つの支柱があるという。「最適化原理」

は、「人々は実行可能な範囲の中から最も望ましいパターンの消費を選択する」ということなのだが、「計算に時間がかからない」という仮定を暗黙のうちにおいているという。しかし、実際には「合理的選択」をするために必要な計算量は膨大だという。そのとおりだと思う。

「均衡原理」は、「財の価格は需要量と供給量とが等しくなるまで調整される」ということだ。「需要と供給で価格が決まる」、よく耳にする言葉だと思う。しかし、需要と供給が均衡した価格を実現するには情報の交換が必要であり、それにはエネルギーの消費や物質の移動が必要だという。これもその通りだと思う。しかし、それがないと仮定しないと「均衡原理」は成り立たないという。詳細は理解できたかどうか疑わしいところもあるが、そんな話だった。そして、

「このような力を及ぼしている市場経済学は、さまざまな仮定の上に成り立っているが、その仮定の多くはじつは非現実的である。非現実的というのは『現実の経済の姿を歪めている』というような生易しいものではない。多くの仮定が、物理学の諸原理に反している、という意味で、非現実的なのである」(『生きるための経済学』NHKブックス)

と安冨教授は述べていた。どうも現在の市場経済学は「相対性理論」「熱力学第二法則」「因果律」の三つの物理法則を否定した上に成り立っているらしい。

「生命が物理法則を破ることができないことは言うまでもない。生命は物理法則に解消されるものではないが、物理法則に反することはできない。生命の一種である人間の相互作用によって生成する社会もま

た、物理法則に解消されるものではないが、物理法則に反することはできない。それゆえ、社会の一側面を扱う経済理論が物理法則に反しているとすれば、その理論は間違っている。物理法則を破る経済理論は荒唐無稽たらざるを得ない」（『生きるための経済学』ＮＨＫブックス）

このことを聞いて、この40年来持っていた疑問がきれいに溶けていったような気がした。市場経済学は非科学的理論である。やはり普通に考えておかしいことは、おかしいのだと思う。その非科学的理論と深く結びつき、それを思考のよりどころとしていると思われる企業家。そしてそこと強く結びつくことで天下り先のポストを得ている高級官僚。さらにはそこから多くの利益を得ている政治家。やはり、彼らの発言を真に受けて「教育改革」なるものを進めてはいけない。それは一人ひとりの子どもが生きるということを歪め、阻害することになっていくのではないかと思う。

文科省が必要だとずっと言い続けてきたところの「確かな学力」も「生きる力」も、一人ひとりの子どもが充実した人生を送るために必要なものであり、一人ひとりの個々人が幸せになるために必要なものであるはずだ。そのように文科省も言っているように思う。

企業家の金儲けのために必要だから必要なのではないし、国家が必要とするから必要なのでもないと思う。しかし、今巻で言われている「学力」は、残念ながらそういう視点に立っていないのではないか。ここで一人ひとりにとっての「確かな学力」とは何か、ということについて考えてみたい。

「経済学者の皆さんが好きなのは、需要と供給のバランスで価格が決まるという、つまり誰もが中学校で習った需要曲線と供給曲線とが交わるあのX型の図です。私に言わせれば、これは語り得ぬものを語るオカルトです」(『生きるための日本史』青灯社)

と安冨氏は言う。そして、

「経済学の金科玉条たる価格決定理論がオカルトに過ぎないというなら、経済学は何をしたらいいのでしょう。経済学なんか、存在意義がないのでしょうか。

私はそうは思いません。価格決定などを実現する、人間の経済活動を支える人間の神秘的な能力を前提として受け入れ、その上で、具合の悪いことがなぜ起こっているのか、を考える必要があるからです。私はそういう経済学を始めようとして『経済学の船出』という本を書いたのです。残念ながら私に続いてくれる経済学者は、今のところいないようですが。

経済活動とは人間が生きるための、さまざまな創造的プロセスです。生きるためには食べたり、服を着たり、散髪に行ったりしないといけない。楽しく生きるにはどうしても誰かに助けてもらわないといけません。その上、人間という動物は一人で生きるよりも、たくさんの人々とお互いにコミュニケーションした方が幸せになる。これをしないではいられないのです。そのためコミュニケーションに飢えていると、それさえしてくれるなら何をしたっていいというところまで、すぐに追い詰められます。だからカルト的新興宗教などが簡単にできてしまう。それは、人間がコミュニケーションさえあればなんでもします、という飢餓状態にすぐに追い込まれるからです。人間というのはそういう動物なのです。

かくして寂しいと、振り込め詐欺とかにすぐにひっかかる。孫から一切電話なんてかかってこない、寂しいおばあさんがいっぱいいれば、電話がかかってきさえすれば、詐欺電話でもすごく嬉しい。そういうところにすぐに追い込まれる。他者とのコミュニケーションがなかったら、私たちは死んでしまうのです。

人とはそういう動物で、そのコミュニケーションが継続的に再生産され、あるパターンが維持されるなら、そこに社会が生成します。経済とは、このコミュニケーションの総体たる社会を、物質的観点から眺めたときの像だ、と私は、カール・ポラニーに倣って考えています（Polanyi K., *The Livelihood of Man*, New York: Academic Press 1977.）」（『生きるための日本史』青灯社）

これを読んで思う。人のために経済学がある。否、「人のためにある経済学」がある。人がいかに生きているかを知るために、自分がいかに生きていくかを考えるために経済学がある。そう安富氏は言っているのではないかと思う。経済学は決して金儲けのための学問ではないということだ。正しく経済学を理解することが、よりよく生きるということに繋がっていく。そこに教育があるのではないかとも思う。しかし、世の中どうもそういう方向にはなってこなかった。

それは、教育が一人ひとりの人間が充実した人生を送るために行われるのではなく、いかに経済的利益を上げるかに視点がおかれている。そして、あたかもそれが正しいことであるかのように吹聴され、多くの人がそのように信じ込まされてきたことによるのではないか。少子化が進む今こそ、この大きく傷ついた日本の社会を、一人ひとりの個々人が充実して生きていける社会にするためにも、教育について捉え直す必要があるように思う。

「一九三〇年、ジョン・メイナード・ケインズは、二〇世紀末までに、イギリスやアメリカのような国々では、テクノロジーの進歩によって週一五時間労働が達成されるだろう、と予測した。かれが正しかったと考えるには十分な根拠がある。テクノロジーの観点からすれば、これは完全に達成可能なのだから。ところが、にもかかわらず、その達成は起こらなかった。かわりに、テクノロジーはむしろ、わたしたちすべてをよりいっそう働かせるための方法を考案するために活用されてきたのだ。この目標のために、実質的に無意味《ポイントレス》な仕事がつくりだされねばならなかった。とりわけヨーロッパや北アメリカでは、膨大な数の人間が、本当は必要ないと内心考えている業務の遂行に、その就業時間のすべてを費やしている。こうした状況によってもたらされる道徳的・精神的な被害は深刻なものだ。それはわたしたちの集団的な魂《コレクティヴ・ソウル》を毀損している傷なのである。けれども、そのことについて語っている人間は、事実上、ひとりもいない。

ケインズによって約束されたユートピアは——六〇年代には、依然として熱望されていた——どうして実現しなかったのか？　現在の一般的な説明は、消費主義の大幅な増大をケインズが計算に入れていなかった、というものである。つまり、労働時間をもっと少なくかおもちゃと娯楽をもっと多くかの選択肢を与えられたならば、わたしたちは総じて後者を選びとってきたというのだ。この筋書きは道徳劇《モラリティ・テール》としてはもっともらしいが、少し考えただけでも真相でないことがわかる。なるほど、一九二〇年代から、無数のあたらしい仕事と産業が際限なく生みだされつづけるのをわたしたちは目の当たりにしてきた。しかし、それらの仕事のうち、寿司やiPhone、おしゃれなスニーカーの生産や流通にかかわっているものは、ごくわずかなのだ。

だとすれば、これらのあたらしい仕事とは、いったいなんなのか？　アメリカにおける一九一〇年と二〇〇〇年の雇用を比較する報告から、はっきりと事態を把握することができる（なお、イギリスにおいても、ほとんど同様の状況が読みとれることを指摘しておく）。前世紀を通じて、工業や農業部門においては、家内使用人《ドメスティック・サーバント》〔奉公人〕として雇われる働き手の数は劇的なまでに減少した。同時に『専門職、管理職、事務職、販売営業職、サービス業』は三倍となり、『雇用総数の四分の一から四分の三にまで増加した』。いいかえれば、予測のとおり、生産に携わる仕事は、そのほとんどがすっかり自動化されたのだった（たとえ工業労働者の人口を地球規模で数えあげたとしても――そこには中国やインドで苦役に就いている人間が多数ふくまれているものの――やはり、そのような労働者が世界の人口に占める割合は、かつてほどには高くない。

しかし、労働時間が大幅に削減されることによって、世界中の人びとが、それぞれに抱く計画《プロジェクト》や楽しみ、あるいは展望や理想を自由に追求することが可能となることはなかった。それどころか、わたしたちが目の当たりにしてきたのは、『サービス』部門というよりは管理部門の膨張である。そのことは、金融サービスやテレマーケティング〔電話勧誘業、電話を使って顧客に直接販売する〕といったあたらしい産業まるごとの創出や、企業法務や学校管理・健康管理、人材管理、広報といった諸部門の前例なき拡張によって示されている。さらに、先の数字は、こうしたあたらしい産業に対して管理業務や技術支援やセキュリティ・サポートを提供することがその仕事であるような人びとをすべて反映するものではない。ついでにいうと、多数の人間がその時間の大半を仕事に費やしているがゆえに存在しているにすぎない数々の付随的な産業（飼犬のシャンプー業者、二四時間営業のピザ屋の宅配人）も反映されない。

これらは、わたしが『ブルシット・ジョブ』と呼ぶことを提案する仕事である」（『ブルシット・ジョブ――クソどうでもいい仕事の理論』岩波書店）

と文化人類学者のデヴィッド・グレーバー博士は言う。そして、さらに、

「まるで、何者かが、わたしたちすべてを働かせつづけるためだけに、無意味な仕事を世の中にでっちあげているかのようなのだ」

1980年に就職して働きだした。この間に見てきた社会の変遷を見ると、実にこのデヴィッド・グレーバー博士の言うとおりだと感じる。職業人として、その多くの時間を学校で教員として働いてきたが、実に学校というところは、この間の時間の経過とともにこのブルシット・ジョブが増え続けてきた。そして、今はこのブルシット・ジョブに溢れかえっている。その結果として、教員の長時間労働が問題となり、教員免許更新制（これはまさに紛れもないブルシット・ジョブだった）など、それ以外の労働条件の悪さとも相まって、当然のこととして教員になろうという希望者は減り、その質は低下しつづけてきた。まさに「何者かが、わたしたちを働かせつづけるためだけに、無意味な仕事を教育現場にでっちあげているかのようだ」と思う。

1982年、教員になったその年の夏、2週間ほど北海道を旅行した。当然のこととして、職場には休暇の申請などしていない。当たり前のように計画して旅行した。官僚となって帯広に赴任していた大学の

同級生に会うと、「夏だけかわりたいなあ」と言われた。

それから10年くらい経っただろうか。少し体の弱かった孫のことを心配してか、私の母親から「子どもの健康には、潮風がいいのよ」と言われた。8月の2週間くらいだったか、毎朝5時に起きて子どもを車に乗せて、海の公園へ行った。10時頃まで子どもを遊ばせながら海水浴をして、毎日バケツ一杯のアサリを収穫して帰ってきた。昼には、収穫物のアサリのワイン蒸しで、一杯飲んでいた。休暇の届けなど職場には提出していない。二夏ほど、このような日々を過ごした。

定期試験はだいたい午前中で終わる。午後は職場で、職員の親睦をかねてソフトボールだとかバレーボールだとかレクリエーションがあった。やることがなければ、普通に帰った。年休の申請など出したことはない。

休日に部活動で出勤することが多くても、問題が起きて夜の9時、10時まで生徒宅への家庭訪問をする日々が続いても、プラマイすれば労働時間は釣り合っているかなと、あまり気にならなかった。これがこのまま進んでいれば、ケインズの言う「週一五時間労働」は無理だったとしても今からは想像もつかないようなゆとりある学校が、そして社会が実現していたのではないかと思う。

何者かが、わたしたちすべてを働かせつづけるためだけに、無意味な仕事を世の中にでっちあげたのだろうか。

90年代後半だったと思う。「忙しい」と評判の学校に転勤になった。神奈川県の肝いりで新設された県下初の全日制の単位制普通科の高校だった。転勤していくと、僕よりも年下の同僚から「先生、ここでの仕事で肝心なのは、手早くいい加減ということですよ」と言われた。仕事を始めてみると、まさにその通りだった。真に内容の求められる仕事など、そうはなかった。彼の助言のお陰で、かなり快適な生活を送ることができた。

このころからだろうか。ブルシット・ジョブと思われる「仕事」が急激に増えてきた。そして勤務時間は厳格化されていく。否、厳格化ではない。勤務時間からはみ出して働くこと、出っ張った部分が問題にされることはなかったように思う。少なくともこちらから問題を指摘しなければ、校長も教育委員会も見て見ぬ振りだった。当然のこととして、労働時間は膨張し続けた。

その現実に対応するには「手早く、いい加減」、これに勝る手法はない。

この教員の長時間労働の状況は、教員希望者の減少へとつながり、最近になってやっと政府も問題として取り上げだしたように思う。しかしそのようなこと以前に、雇用者、すなわち教育行政が責任をもって施策を行うという視点からも、制度的に大きな問題を抱えているのではないかと思う。

たとえば、入試関連の業務だ。年とともに仕事が増え、とても勤務時間内で終わる代物ではなくなっている。しかし、その内容はブルシット・ジョブと思われる作業が多い。校長が時間外勤務を命じることのできるものとして4項目がある。しかし入試の業務はそれには含まれない。したがって、校長に時間外勤務を命ずる権限はない。事実、入学者選抜業務が時間外に及んでも、校長が全職員に残るようにと拘束をかけるといったことは一度もなかった。作業が残っていても、帰ったとしても法的にはなんら問題はないと思う。制度上、時間外での入試の作業は、一人ひとりの教員が好意でやっていることになる。そして、入試に関連した作業は、高度に厳密さが求められる。ミスをすると、場合によると処分される。好意でやってミスをすると処分される。勤務時間ではないからと、帰ればミスをすることはない。職員がみんな勤務時間を守ったとしたら入試制度そのものが立ち行かないのではないかと思う。

一度、校長にそこのところはどうなのかと聞いたことがある。その校長はとても誠実な人だったので、教育委員会にそのまま聞いてくれたようだった。しかし、いくら経っても教育委員会からは返事は返ってこなかった。やっと入試が終わる頃になって、校長室に呼ばれた。「今、電話で回答があったよ。書き取れと言われたので、書き取った。僕が今それを読み上げるから、君も書き取ってくれ」と言われた。内容はたいしたことはなかった。「業務を強制することはできないが、極めて重要な業務なので、従事した時点で責任が生じる」というようなものだったと思う。「口頭で言うから書き取れ」と言うくらいだから、文章として残ってはまずい事実なのだろう。しかし彼らが「生徒の人生がかかっている、極めて重要だ」と言っている入試が、そのような不確実な状態で行われている。おかしくないだろうか。それからも、時間外に入学者選抜業務を行うに当たり、「重要な業務なのだから、しっかりと全教員に残るように拘束をかけて、校長のコントロール下で業務を行わせてほしい」といくら言っても、彼らがそうすることはなかった。彼らはその権限が自分にはないということは、よく理解しているようだった。彼らに権限がないことは、言うまでもなく一人ひとりの教員が忖度して、好意でやってくれなくては入試は立ち行かない。必ず忖度してもらえるものと思っているのだろうけれども、それでいいのかと思う。

現在の学校を見ると、子どもたちが良好な環境で過ごしているようにはとても思えない。そして、そこで働いている教員も楽しく仕事しているようにはとても見えない。なぜ日本の教育はこのようなことになってしまったのだろうか。そして、なぜ日本は衰退途上国と言われる国になってしまったのか。わたしが現場で過ごしてきた40年あまりを振り返りながら考えてみたいと思い、本書を書くことにした。

一人ひとりの子どもがのびのびと学べ、「確かな学力」を育むことのできる学校に、そしてそのためには、一人ひとり教員が楽しく仕事ができる学校になることを願ってやまない。

日本は「衰退途上国」となった。しかし、資本主義自体がもはや限界にきている、というような話も聞かれるようになった。現在の世界の多くの国がよりどころとしている経済学が、物理学の諸原理に反した多くの仮定に依拠したものであるのならば、早晩世界経済自体が限界に達するだろう。

河合隼雄氏は、「病には意味がある。もちろん、病より健康の方がいい。しかし、病によって深い意味のある体験ができることがある。人間が成長してゆくためには、外的な世界とのかかわりをもち、そこで活躍するとともに、内的な世界をも豊かにしてゆかねばならない。病は、外的な活動を止めさせる代わりに、内的な世界の存在に気をつかせてくれたり、内的な成熟を促進してくれたり、するのである」(『子どもと学校』岩波新書)と言っている。日本も「衰退途上国」となった今だからこそ、日本の社会において見えてくるものがある、学べるものがあるのではないかと思う。それをしっかりと捉え、対応していくことで、まったく異なる社会が生まれてくるのではないか。

その先に、「異次元の国」ができることを期待したい。

そこでは、ジョン・メイナード・ケインズの言った「テクノロジーの進歩によって週一五時間労働」が達成されているかもしれない。

第一章　東京大学というところ

作りなおすという段階

予備校の入り口を入ると横の壁に、ちょっと古いが河合塾の23年の入試予想ランキング表が貼ってあった。その偏差値表に何気なく目をやると、トップには東大の理科三類が偏差値72．5を超えて載っている。そのあとは、東京大学の各類が文一、理一、理二、文二、文三と軒並み、偏差値70．0前後に並んでいた。僕の卒業した京都大学農学部はどの辺かなと、ちょっと気になり見ると、65．0あたりか。だいぶ東大に水をあけられている。最近の表現でいえば、「かなりコスパが良くなった」というのかもしれない。

北海道大学を探してみる。総合文系が62．5、総合理系が60．0あたりのところに見つかった。この状況を見て、仮に今自分が受験生だとしたら、「受ければどこでも受かるよ」と言われたら、どうするだろうかと考えていた。やはり東京大学を受けるのだろうか。この状況を見てもなお、敢えて北海道大学を選ぶだろうか、などと考えていた。偏差値の持つ魔力は、実に大きなものがあるように思う。

北海道大学総合博物館の入り口に「リベラリズムからの出発」というパネルが展示されていてる。そこに次のように、矢内原忠雄博士の挨拶が紹介されている。

「1952年5月26日、当時の東京大学総長矢内原忠雄博士は『大学と社会』と題した東京大学五月祭の挨拶で、『明治の初年において日本の大学教育に二つの大きな中心があって、一つは東京大学で、一つは札幌農学校でありました。この二つの学校が、日本の教育における国家主義と民主主義という二大思想の源流を作ったものである。大ざっぱに言ってそういうふうに言えると思うのです。』と述べている。博士はさらに、『……日本の教育、少なくとも官学教育の二つの源流が東京と札幌から発しましたが、札幌から発した所の、人間を造るというリベラルな教育が主流となることが出来ず、東京大学に発したところの国家主義、国体論、皇室中心主義、そう言うものが、日本の教育の支配的な指導理念を形成した。その極、ついに太平洋戦争をひき起こし……』と続けている」

さらにパネルは「札幌農学校における『人間を造るというリベラルな教育』はクラーク博士が明治の日本に持ち込んだアメリカ民主主義に基づくクラーク博士の教育思想の実践の結果であった」と続いている。矢内原博士の挨拶自体は「敗戦後、日本の教育を作りなおすという段階に、今なっておるのであります」と続いていたようだ。

矢内原博士は南原繁博士に続いて戦後2人目の東大総長となる。「日本の教育を作りなおすという段階」。東京大学もそれまでの国家主義を支え、軍国主義を支えた帝国大学から、駒場に教養学部がつくられるなど、リベラルアーツの大学へと変えられていった。しかしその改革は十分に成果を出すに至ることはなかったのだろうか。

1969年1月18日、東京大学安田講堂は、上空をヘリが舞い、放水と催涙弾で煙る中、さく裂した火炎瓶の炎に包まれていた。それはほぼ1年前、1968年1月29日に医学部が無期限のストライキに入ったのが始まりだった。その10日前の1月19日には、東京医科歯科大学が、やはり「登録医制度反対」を掲げて全学で無期限ストライキに入っていた。大学を卒業してきた研修医のおかれた状況は過酷なものがあった。改善を求める声は、あがっていた。

3月11日、退学者4名を含む12名の処分が発表される。重い処分とやがて大学当局の無責任な姿勢も露見して批判されるところとなる。紛争は大学全体へと広がっていった。そして、ほぼ1年間におよんだその紛争の帰結が、安田講堂にあった。

その当時も世の中では東京大学へ行くことはとても価値があることのように語られていたように思う。多くの受験生が東京大学に合格することを目指して受験勉強をし、過度な受験競争を生み出していた。「受験戦争」などといわれる言葉も使われ、「受験のための詰め込み教育」は社会問題となり、批判されていたように思う。都立日比谷高校を頂点とした都立進学校に集中している東大合格者の過度な集中を緩和し、分散させるということで、東京都は高校入試に学校群制度を1967年に導入していた。

その東京大学の「解体」が多くの若者によって叫ばれ、安田講堂では学生と機動隊との間で死闘ともいえる状況が繰り広げられていた。当時小学生だった僕にはよく理解できないことであったが、強烈な印象となって残った。結局その年の東京大学の入学試験はなくなったが、東京大学がなくなることはなかった。

東京大学大学院情報学環教授の吉見俊哉氏は、退官に当たってその最終講義の中で次のように述べている。「東大闘争というのは戦後の東大が経験した二つの大きな改革の時代、そのターニングポイントに位置する出来事だからです。最初の改革は１９４５年から57年まで続いた南原・矢内原改革。南原先生も矢内原先生もクリスチャンです。キリスト教的な自由という概念に基づいて、戦後の東京帝国大学からリベラルアーツの大学に変えていこうという挑戦を彼らはしました。もう一つ、二番目の改革というのは１９９０年代以降起こってくる上からの改革です。大綱化、大学院重点化、国立大学の法人化、これらをセットとする改革が90年代以降起こってくる。68、９年の東大紛争というのはその中間地点にあり、ターニングポイントにあたり、つまり何が終わり何が始まったのかを見極める重要なポイントを示している」と述べている。

この東大紛争の後、８月には「大学の運営に関する臨時措置法」が制定され、それ以降吉見氏が述べているところの「上からの改革」が徐々に進められ、強められていく。そしてそれは90年代以降になって特に顕在化してきたように感じる。このことは日本の教育全体にも大きく影響していったことは間違いないと思う。

東大を出た日本のリーダーたち

東大闘争から半世紀以上の時が過ぎた２０２２年の秋、岸田内閣で閣僚の辞任が相次いだ。

葉梨康弘氏が11月11日、法務大臣を辞任した。

「法務大臣というのは、朝、死刑のはんこを押して、昼のトップニュースになるのはそういう時だけという地味な役職だ」とか「外務省と法務省は票とお金に縁がない。外務副大臣になっても、全然お金がもうからない。法相になっても金は集まらない」とか、そのようなことをパーティーの挨拶で述べたことが報道された。それらの発言が批判されて、実質的な更迭となった。死刑制度廃止が世界的な潮流となる中、死刑制度が残るのはG7の国では実質的に日本だけとなり、その後進性が指摘されている。そのような時代においての発言でもある。彼の価値観が、そして人柄が如実に表れているように思う。

２０１０年に菅直人内閣の法相だった千葉景子氏は2人の執行を命令した。そしてその死刑執行に立ち会った。そのことの是非については当時もいろいろと言われたが、立ち会った後「死刑については根本的な議論が必要だ」と言っていた。野田内閣の法相、平岡秀夫氏は2人の死刑執行を検討した。彼は膨大な資料を読み、法務省内での議論の結果、「国民的議論が必要だ」と考えて執行命令を出さなかったという。残念ながらその後、「死刑制度」についての踏み込んだ議論がなされることはなかったようだ。そして、そのことをしなかった結果といっていいと思う。「死刑」を笑いをとるためのネタにした葉梨法相のこの発言となった。当然の辞任だったのではないだろうか。

彼は１９８２年、東京大学法学部を卒業して警察庁に入庁している。

11月21日には寺田稔氏が総務大臣を辞任した。

10月5日に週刊文春電子版が、寺田氏の政治団体と後援会が事務所をおいているビルの賃貸料として、彼の妻に対して9年間で２０００万円を支払っていることを報じた。身内への資金還流になるのではないかということだが、それに対して彼は当初「当然、建物の所有者には賃料を支払います。金額も適正で、収支報告書に適正に記載しています。妻も適正に税務申告している」と余裕をもって問題ないという認識を示していた。そのうちに政治資金収支報告書の会計責任者に、すでに亡くなっている人がなっていることや、源泉徴収関連書類の未提出による脱税の疑惑などがスクープされた。以後、「政治とカネ」に関する不祥事と思われる報道が次々となされて、「疑惑のデパート」と言われる状態となっていった。政治家として、「丁寧な説明」に努めたようであるが、国民の理解を得られるまでには至らなかったようである。

彼は1980年、東京大学法学部を卒業して大蔵省に入省している。82年からはハーバード大学ケネディ・スクールへ留学して公共政策修士号を取得している。

これらに先立ち10月24日には、山際大志郎氏が経済再生担当大臣を辞任している。安倍晋三氏が総裁韓鶴子氏のことを絶賛して、総会にビデオ出演もしていた世界平和統一家庭連合（旧統一教会）との関連が次々と表面化した。関連団体の平和大使協議会への会費の支出をしたかとか、教団から選挙活動の支援を受けたかという質問に対して説明を拒んだ。安倍晋三氏が絶賛していたにもかかわらず、世界平和統一家庭連合と関係をもつことは悪いことだ、と思っていたということなのだろうか。韓鶴子総裁の参加した教団関係のイベントにもいくつも来賓として出席し、記念写真に納まったりもしていた。そのことに対して問われると、「記録が残っていないので確認できない」「明確に覚えていない」などの答弁を繰り返していた。さらにそれに加えて、政治資金規正法違反の疑惑も出てきて辞任へと至った。

教団との関係については「率直に反省し、今後は一切関係をもたないよう慎重に行動する」と述べたりしているので、やはり教団と関係をもつことは悪いことだという認識はあったのだろう。政治家が得意とするところの「法的には問題はない」という強気の答弁を、彼の口から聞くことはなかった。

山際氏は大学こそ東京大学ではないが、東京大学大学院農学生命科学研究科博士課程で獣医学博士を1999年に取得している。

12月に入ると閣僚ではないが、自民党の衆議院議員、薗浦健太郎氏が政治資金収支報告書に4900万円の過少記載をしたとして、22日に政治資金規正法違反で略式起訴された。薗浦氏はその前日に議員辞職をした。罰金刑が確定すれば原則5年間は公民権が停止され、失職して選挙に出られない。起訴される前に辞職することで、罰則が軽減されることを考えてのことだろうか。実際に、公民権停止は3年となった。

彼は東京大学法学部を卒業して、1996年に読売新聞に入社している。

この皆さんは、吉見俊哉氏が「ターニングポイント」と言っていた東大紛争以降、この50年余りの間に東京大学で学び、卒業した「選良」といわれた日本のリーダーたちだ。

これらのことを取り上げて、YouTube の番組「一月万冊」で、清水有高氏と東京大学東洋文化研究所の教授の安冨歩氏が次のような会話をしていた。安冨氏が「そういう人たちを養っているのが、養成しているところがあるんですよ日本には。そういう機関が」と言うと、有高氏が「4000万円ちょろまかして銀座で豪遊している薗浦健太郎議員や極刑のハンコを押した時だけはニュースになる地味な職なんです、法務大臣というのはって言っている葉梨さんとかですね、素晴らしい大学を出てらっしゃるんですよね。どこかというとですね、この人、安冨さんが教授をやっている大学でございます」と返した。安冨氏は「しつこいよね。そういう人たちって、やっぱり150年やとって養成してきたわけですよ。150年てことはないか。もうちょっと短いけど。よく、よくあるね、日本国って未だにと言っていた。「よくあるね、日本国って未だに」、これらの事実を見ると僕もその通りだと思う。

さらに年の瀬も押し迫った12月27日、政治資金問題などが指摘された秋葉賢也復興相が、これも事実上更迭された。もっとも彼は東大の卒業生ではなかったが。

この人たちは何を求めて、何をしたくて政治家になられたのだろうか。金、名誉。少なくとも日本国民のことを思い、日本の国のことを考えてのことでないことだけは確かなことのように思われる。がどうだろうか。

出てくる話は、金、金、金、そして票。さらに安倍晋三氏は絶賛していたが、「日本はエバ国だから韓国へ貢がなければいけない」という日本にとっては屈辱的ともいえる教えを説く世界平和統一家庭連合とのこと。彼らが東京大学で学んできたことはいったい何なのだろうか。とても「東京大学の歌」に歌われている「蘊奥の窮理応じて更に人格の陶冶ここに薫る」などというものではないことだけは確かだ。

彼らはきっと「優秀な」高校生だったのだと思う。親の、家族の期待を担って東大へ進学したのかもしれない。高校の先生に背中を押されての東大進学であったかもしれない。そして官僚に、記者にと就職し、政治家へと転身した。この２０２２年の彼らの姿は、彼ら自身が高校生の時に夢見て、望んでいたものだったのだろうか。

彼らの姿を見ていると、権力をもつということ、名声を得るということ、財産をもつということとはどういうことなのか、と改めて思う。

「フロムは言う。自我を失った人間は、執拗な不安に、常時苛まれることになる。とりあえず生きていくためには、この不安を何とか紛らわし、自我を支える必要があった。

この潜在する不安の顕在化に対処するために、助けとなる二つの要因があった。まず第一に、財産の所有によって自我を支えることができた。『彼』という人格と、彼の持つ財産とは、不可分である。人間の衣服や家屋は、身体と同等に、その人の自我の一部である。自分が何者でもないと感じれば感じるほど、より多く持つ必要があった……。

もう一つ自我を支える要因は、名声と権力とであった。それらは、部分的には財産の所有の結果であり、部分的には競争分野における成功の直接的結果である。他者に賞賛され、権力を振るい、財産の与える補助を加えて、不安な個人の自我を支えたのである。

(Fromm, Escape from Freedom, p120)

すなわち、財産や名声や権力は、自我を喪失した人間の用いる、自我の代替物になるがゆえに、大きな意味を持つのである。

もちろん、財産も名声も権力も、それ自体が悪なのではない。自分自身であることをやめない人は、そんなものを求めて争ったりはしないが、そういう人がたまたま財産や名声や権力を持っていれば、意味のあることができる。自分が何をやりたいのか、何をやりたくないのか、はっきりとわかっていれば、これらは自我を実現する上で、かけがえのない働きをしてくれる。しかし自我を失った人が、そこから生じる不安から目を背けるために、このようなものを求めると、それは自己欺瞞を拡大する危険な罠に転化する。

フロムの分析は、スミスの『道徳感情論』と、ほぼ一致している。既述のようにスミスは、人間が財産・名声・権力を求めて狂奔するのは利己心のゆえであるが、その利己心の正体は自然的欲求ではなく『虚栄』である、と指摘した」（安冨歩『生きるための経済学』NHKブックス）

ということになるのだろう。

東京大学で、彼らは「自分自身である」ということはどういうことなのかを、学べなかったようだ。

東京大学を出たトップエリートたち

これらの政治家の辞任ドミノに先立つ2022年8月30日、安倍晋三氏銃撃事件を受けて責任を取る形で中村格氏が警察庁長官を辞任した。

中村格氏といえば、2015年4月3日、ジャーナリストの山口敬之氏が、就活で訪れた伊藤詩織氏に対して性的暴行を加えたとされる事件で、事件の隠蔽を指示したのではないかとされた人物だ。当時高輪警察署が、逮捕状を取って山口氏を逮捕しようとしたが、直前に逮捕が取り止めとなった。山口氏は、

『総理』『暗闘』などの安倍晋三元首相に関する、いわゆる「よいしょ」本を執筆し、安倍氏に最も近いジャーナリストといわれていた人物だ。当時警視庁刑事部長だった中村氏が、忖度により逮捕状が執行されるのを止めたのではないかといわれた。その後、２０１６年7月22日に、東京地検は嫌疑不十分として山口氏を不起訴処分とした。この一連の疑惑については、中村氏自身が、「最終判断を行い、私が決裁した」と発言し、逮捕状の執行を差し止めたことを認めている。

伊藤氏は２０１７年9月28日に、「望まない性行為で精神的苦痛を受けた」として、山口氏に対して１１００万円の損害賠償を求める民事訴訟を起こした。これに対して一審東京地裁は、伊藤氏の請求を認めて３３０万円の支払いを山口氏に命じた。その判決は控訴審でも認められ、上告も棄却されて「望まない性行為」と認めた判決は確定している。

民事訴訟では司法が「犯罪を犯した」と認めた人物を、中村格氏は、逮捕状の執行を止めてまで刑事上の「犯罪者」とすることを妨げたことになる。安倍首相に対して忖度することを優先し、善良な国民の侵害された人権の重さを考えることをしなかったということなのだろう。そのようなことには関心もなかったのかもしれない。

法律家も政治家もよく「法的には問題ない」とか「法治国家」という言葉を口にする。それはあたかも法律は常に正しく、法律を守ってさえいればよい、というように聞こえてくる。本当にそうなのだろうか。法律が常に正しく執行され、善良な市民を守ってくれるとは限らない。「合法だけれども不道徳」なこと、「違法とまでは言えないが道義に外れる」ことはいくらでもあるということだ。そして悪法もある、という事実を忘れてはいけないと思う。

中村格氏は、東京大学法学部を卒業して、１９８６年、警察庁に入庁している。東京大学法学部で彼が学んだ法律とは何だったのだろうかと思う。中村氏は２０２１年9月22日、警察庁長官に就任することになった。栄転である。


官僚の不祥事といえば、この中村氏の辞任の4年前にも安倍政権のもとで、東大卒の高級官僚が世間を騒がして、何人も辞めていった。

まずは、総理夫人だった安倍昭恵氏が小学校の名誉校長を務めていた、学校法人森友学園との国有地の学校用地売買契約をめぐって、文書の改竄を指示したとされる、当時の財務省理財局長、佐川宣寿氏だ。

２０１７年2月17日、衆議院予算委員会での野党からの追及に対し、「私や妻が関係していたということになれば、まさに私は、それはもう間違いなく総理大臣も国会議員もやめるということははっきりと申し上げておきたい」と当時首相だった安倍晋三氏が答弁した。するとそれを受けてか佐川氏は、国有地売却の決裁文書から安倍昭恵氏らに関する記述を削除するようにと、文書の改竄を指示したとされる。また、衆議院予算委員会で「森友学園との交渉や面会の記録は速やかに廃棄した」と答弁するなど、虚偽の答弁を繰り返した。すると佐川氏は２０１７年7月5日には、国税庁長官に就任した。栄転である。「適材適所」だそうだ。

ところが翌18年の3月7日、彼の指示した公文書の改竄を苦にして、近畿財務局の職員が亡くなられた。

すると「国有財産行政に関する信頼を損なった」として3月9日懲戒処分を受けることとなる。佐川氏は依願退職した。この時の処分内容は減給20%・3カ月だった。

しかし、思う。職員が亡くなったから「国有財産行政に関する信頼を損なった」のか。違うだろう。「国有財産行政に関する信頼を損なった」状態を放置したから、職員が亡くなられてしまったのだ。彼を「適材適所」と言っていた人物の責任が問われることはない。

佐川氏は１９８２年、東京大学経済学部を卒業して大蔵省へ入省している。

公文書の改竄を苦にして亡くなられた赤木俊夫さんの口癖は「僕の契約相手は国民です」だったそうだ。公務員としても人としても素晴らしい人物だったのだと思う。国民にとっての貴重な財産が失われたと思う。

赤木さんの妻の赤木雅子さんは、２０２０年3月18日、国に約1億７００万円、佐川氏に約５５０万円の損害賠償を求め、大阪地裁に訴えを起こした。裁判を通して、公文書の改竄の経過を明らかにしたかったという。しかし、国はそれを拒んだ。

２０２1年12月15日、突然に国は、赤木俊夫さんの自殺と森友学園問題に関する決裁文書改竄作業との因果関係を認め、「請求認諾」をして訴訟を終わらせてしまう。ことの真相に踏み込まれることを忌避し、逃れたかったということだろうか。真実が明かされることはなくなった。

当然のこととして1億円に及ぶ賠償金が赤木雅子さんに支払われた。当たり前のことだ。しかし、この賠償金を支払うのは、改竄を指示した佐川氏ではない。責任者である当時の財務大臣、麻生太郎氏が払うのでもない。当然のことのようにして国民の納めた税金から支払われた。

この一連の出来事は、赤木俊夫さんの命と1億円を超える税金、二重に国民の貴重な財産を奪ったことになると思う。

続いてこの佐川国税庁長官から聴取をした福田淳一財務省事務次官が、２０１８年4月18日依願退職した。複数の女性記者へのセクハラ行為があったということが週刊新潮の記事により発覚した。それにより減給20％・６カ月の懲戒処分を受けてのことだ。福田氏は１９８２年、東京大学法学部を卒業して大蔵省に入省している。

5月になると経済産業審議官の柳瀬唯夫氏が国会に参考人招致をされた。52年間認められることのなかった獣医学部の新設が、加計学園に認められた。これは安倍晋三氏の友人が理事長を務める加計学園に、愛媛県今治市を「国家戦略特別区域」に指定するなどの便宜を官邸が図ったのではないかとされて問題となる。これについて柳瀬氏は国会で聞かれた。柳瀬氏は総理秘書官であったときに、首相官邸で3回にわたり加計学園関係者と面会したとされ、まずその法的根拠、権限を問われた。さらに県職員と面会した際に、柳瀬氏が「首相案件」と述べた、と記した文章を愛媛県が作成していたことが判明する。すると柳瀬氏は「記憶の限りでは、愛媛県や今治市の方にお会いしたことはない」とコメントをだし、面会自体を否定した。彼は別に処分されたわけではないが、このあと7月に退官している。

柳瀬氏は１９８４年、東京大学法学部を卒業して通商産業省に入省している。

この2年後の２０２０年の5月20日、東京高等検察庁検事長の黒川弘務氏が、元検察担当の記者とともに賭け麻雀をした疑いがあることを週刊文春が報じた。黒川氏は事実を認め、懲戒処分を受けて辞表を提出し、22日に受理される。市民団体などが、黒川氏を賭博罪などで東京地検に告訴するが、東京地検は不起訴処分とした。ところが検察審査会が「起訴相当」を議決したことで、結果として２０２１年には、略式起訴されている。東京簡易裁判所は、検察が求めた罰金10万円を上回る罰金20万円の略式命令を、黒川氏に対して出した。

黒川氏をめぐっては、これに先立つ2月に国会がもめていた。検察庁法が定めた63歳の定年を、黒川氏が目前に控えた２０２０年1月31日に、「定年後も黒川氏を定年延長する」ことが閣議決定されたことが始まりだった。政府は国家公務員法の規定を適用した、と説明したが、それまで同規定が「検察官には適用しない」とされてきたことが指摘されると、今度は「法解釈を変更した」と森雅子法相は答弁した。さらに「口頭決裁した」などという発言まで出てくるなど、答弁が不安定となった。このことにより国会が紛糾する。稲田伸夫検事総長が7月に退任するのを受けて、「政権の守護神」といわれた黒川氏を後任にするための定年延長ではないかと言われていた。

黒川氏は１９８１年、東京大学法学部を卒業している。

彼らもこの50年余りの間に、東京大学が育てたエリートといわれる人材であることに間違いないだろう。このように列挙してみると、安冨歩氏の言う通り、「よくあるね、日本国って未だに」と改めて思う。

「エリートである」ということ

「なるほど、エリート大学を卒業すれば、立派な会社にエリートとして入社できるので、エリート大学に入らなければ得られなかった選択権が増えたように見える。しかし、冷静に考えれば、その肩書は同時に足枷にもなっている。というのも、その肩書を得てしまうと、その肩書が通用しないところに踏み込むのが、怖くなるのである。実際、受験勉強などで人生を無駄にしていたのでは、肩書なしで勝負せねばならない世界を生きるのは難しくなっている」（『生きるための経済学』ＮＨＫブックス）

と安冨歩氏は言う。さらに、

「かくして、自分自身を失い、自分が何をやりたいのかわからなくなった子どもは、よい学校を出て見かけ上の『選択の自由』を拡大しても、実際にそれを行使することができない。そういう彼らには、エリート大学出専用に用意された『エリートコース』という、狭く虚飾に満ちたルートのみが与えられる。このコースに乗った人生は、見た目の華々しさに反して、中身は空虚である。世のなかというものは、上に行けば行くほど、制約が大きい。何か少しでもヘマをすれば『エリート大学でのくせに』と言われる。もちろんエリートたちは、そのようなことを言われるのだけは我慢できないので、全知全能を傾けて仕事に精を出し、『さすが』と言ってもらえるように頑張る。こうなるとエリート看板の奴隷である」（『生きるための経済学』ＮＨＫブックス）

まさに、この官僚たちの姿に、その事実を見ることができるのではないかと思う。さらに、

「その上、勇気がないためにこのエリートコースに乗ってしまう人は、このコースから外れると奈落の底に転がり落ちそうな気がして、ますますそこにしがみついてしまう。そうすると、たとえば何か嫌なことをされたときに、それを『嫌だ』と表明することで上司や同僚と軋轢を起こすと、それがもとでそのコースから落ちてしまうような気がして、自分を抑え込んでしまう。エリートコースでは、誰も彼もがこういった恐怖心を抱いており、自分より強いものには媚びへつらい、弱いものは支配する、という空気があたりまえになっている。それが強烈なハラスメント的世界を作り出してしまう」

ということになる。

森友事件をみれば、まさにこのようにして作り出された「強烈なハラスメント的世界」が、一人の真面目な公務員を、善良な国民を、死に向かわせてしまったということがよく分かると思う。また、

「一方、国家のもとで学校制度が整備され、子どもは学校で多くの時間を過ごすようになった。近代以降、学校は子どもを一か所にとりまとめ、効率的に教育する組織である。そして国家が学校という仕組みを利用し、子どもたちを国民として育て上げる。

家族は、国家が先導する学校教育を支える役割を担わされる。こう書くと、戦前の軍国主義的な教育を

イメージしてしまうかもしれない。しかし、そこまであからさまでなくとも、たとえば経済システム（労働市場）の要求に応える（よい就職ができる）ように、教育費をつぎ込み、習い事に勤しめる資源を家庭が調達し、結果として現行の社会体制の要求に忠実な人間を育て上げると解釈すれば、あながち過去の話とはいえなくなる。

シニカルな見方をすれば、意図しているか否かは別として、国家のような大きな体制が、家族の結合性を巧みに利用して社会統制を図っている（本人や家族は、国家権力の構造に組み込まれていることを自覚しないまま、権力の要求に自主的に従っている）と考えられる。」（『日本の公教育』中公新書）と中澤渉氏は述べている。

この視点に立つと、ここに挙げた5名の高級官僚、中村格、佐川宣寿、福田淳一、柳瀬唯夫、黒川弘務の各氏は見事に国家権力の構造に組み込まれ、その要求に忠実に従ってきたように見える。東京大学は現行の社会体制、すなわち為政者と経済界の要求に忠実な人間を育て上げてきた、といえるのではないだろうか。そういう面で、東京大学は確実にその役割を果たしている。しかしそれは決して、矢内原忠雄博士が掲げた「人間を造るというリベラルな教育」すなわち、一人ひとりの個性を伸ばしていく教育とは相いれないであろう。そしてそれは、納税者である国民の利益になるものではなく、また望むものでもないように思う。

多くの親御さんが、子どもに進学してほしいと思っている東京大学へ行くということは、その先に何を望んでのことなのだろうか。この5人の高級官僚は、忖度に励んだ結果として、おそらく条件の良い天下り先を用意され、経済的には恵まれた将来が約束されているように思う。しかし、彼らの親御さんは、彼らにそのようなことを望んで東京大学へ進学させたのだろうか。彼ら自身、東京大学への進学を選択したとき、そのような未来の自分の姿を夢見ていたのだろうか。疑問に思う。

日本社会でこのような事象が頻繁に起こるのは、その根底にある、安富氏が言うところの「立場主義」によるところが大きいようにみえる。安富氏は自らが銀行に勤務していたときの経験をもとに、「立場主義」について語る。

「何かちょっとしたトラブルがあって、『こりゃまずい』となると、日頃はお互いにいがみあったりしているのに、全員スイッチがオンになり、気分が高揚するのです。そして、サービス残業してみんなで何とかする方法を必死で考え、あの手この手でうまくごまかせたら、『ヤッター』という感じでとってもハッピーな気分になり、一体感を感じるのです。

渦中にいたときには、何の不思議も感じなかったのですが、会社をやめて大学院に戻ってから思い出すと、なんとも奇妙な感じがしました。そして、そのざらざらした倒錯した高揚感が、私の両親が家庭内で形成していた文化と地続きであることに気づきました。私の父は小学校の教師でした。彼らは、誰もが認める謹厳実直な人物でありながら、体裁を保つことには躊躇なく全力を挙げる文化を持っていました。そして母が特にそうでしたが、得になることで、バレないのが確実なら、ちょいちょい平気でずるいことをするのです。

こういう人々は、隠蔽工作が好きなんです。それは単に、体裁を保つというだけではなく、そうやって隠蔽工作が始まると、小異を捨てて大同に就く、という感じで、お互いの『絆』を実感できるのです。だからこそスイッチオンになって、気分が高揚するのだと思います。こういう気分は、自営業だったり、数人で小さな職場を必死で守っていたりする誤魔化しの効かない現場では、決して味わえるものではありません。大きな組織の中で守られていて、すべて書類上の架空の物語として展開しているところでなければ、生じないことです。

こういう架空の物語を生きた方々は、役人だったり教師だったり大企業の職員です」(『生きるための日本史』青灯社)

日本人は、「役立たず」と「立場を失う」という言葉を一番恐れるらしい。確かにどちらの言葉も聞いてよい気持ちはしない。江戸時代まで「役」というものは「家」ごとに割り振られていた。「役」には税金もあれば、兵役もある。「役」を果たせば、「家の生業」は「安堵」されたということのようだ。それが明治以降、徴兵制が入れられたことにより、軍役は成人男子一人ごと兵隊を一人だすという制度に変わっていった。それにより「役」というものが「立場」ごとにつくようになる。そして「家主義」から「立場主義」へと徐々に移っていったと安富氏は語る。

この「立場主義」が、戦後の経済発展において黄金時代を迎えた。「立場」を守るために必死に役を果たせば、給料は上がっていき、生活は着実によくなっていった。そのイデオロギーが頂点に達したのが80年代の末、ジャパン・アズ・ナンバーワンの時代であり、バブルへとつながっていった。この過程を通して、立場主義が私たちの骨の髄まで浸透していったということのようだ。

そして今、「役」を果たせば「立場」が守られる。すなわち「安堵」される。

安冨氏は言う。

「私は日本国の本当の名前は『日本立場主義人民共和国』だ、と言っています。この国の憲法は以下三条です。

前文　立場には役がついており、役を果たせば立場は守られる。

第1条　役を果たすためなら、何でもしなければならない。

第2条　立場を守るためなら、何をしても良い。

第3条　他人の立場を脅かしてはならない。

たとえば、立場上やむを得ず行ったことが、法に反していたとしても、人々は『立場上やむをえなかった』という言い訳を受け入れてくれます。逮捕されても復職できる。

でも、日本の会社では、法律を守るために役を果たさなかったら、あるいは、人の立場を脅かしたら、皆から指弾され、下手をするとクビになります。そうならないまでも、窓際に追いやられます。それで圧力をかけられて会社を辞めるように仕向けられます。逆に、この三条さえ守っていれば、どこへ行っても平和に生きていくことができる。その代わり、上手く手抜きできないと過労死するかもしれませんが。

こういう心性は、官庁、学校、大企業といった、組織原理が容赦なく作動する機関で、強く発揮されているように私は思うのです。そういうところでお金を貰って生きている人は、この立場主義文化が、骨の

髄まで染み通っていきます」（『生きるための日本史』青灯社）

ということなのだろう。

東京大学というところ

ここにみてきたような日本の国のリーダーやトップエリートを、多数輩出し続けてきた東京大学とはどのようなところなのだろうか。東京大学に多数の合格者を出している高校は進学校として評価され、場合によっては名門校などと呼ばれる。「東大を出ているのに役に立たない」というようなセリフを耳にしたりする。東大という素晴らしい大学を出ているのだから、素晴らしい能力を持っているはずだという前提があるということだろう。しかし本当にそうなのだろうか。東京大学、それはどのようなところなのか。東大について考えてみる必要があるのではないか。

安冨歩氏は著書『原発危機と「東大話法」』（明石書店）の中で、「これが、私の友人が教えてくれた、ある東大教授の行動パターンでした」と友人の話を紹介するように語り始め、次のように続けている。

「しかも、もっとショックなことがあったのです。一度、そういう目で見ると、この三つの特性は、この教授に限定されることではない、ということに気づいたのです。それは、東京大学全体に蔓延する傾向、『東大文化』だ、というのが私の印象です。

徹底的に不誠実で自己中心的でありながら、

抜群のバランス感覚で人々の好印象を維持し、
高速事務処理能力で不誠実さを隠蔽する、
というPさんの指摘は、多くの東大関係者のモットーだ、というように私は考えています。（略）もちろん、東大にも、こういう文化を嫌悪する人はたくさんいます。しかしなかには、こういう文化への嫌悪をあらわにしている人が、じつはその使徒である、というケースがあります」

と述べ、さらに、

「それで、私は友人の助言をもとにして東大文化の研究を開始しました。そのなかで、彼らが、独特の話法を持っていることに気がつきました。これを私は『東大話法』と呼んでいます」

と「東大話法」なるものを紹介している。

「東大話法は多岐にわたる内容を含んでおり、一筋縄では行きません」「確定的なことを申し上げられる段階ではありません」

と言いつつ、基本的には以下のようにまとめられるのではないかと、まずは7項目を挙げている。

「①自分の信念ではなく自分の立場に合わせた思考を採用する。
②自分の立場の都合のよいように相手の話を解釈する。
③都合の悪いことは無視し、都合のよいことだけ返事をする。
④都合のよいことがない場合には、関係のない話をしてお茶を濁す。
⑤どんなにいい加減でつじつまが合わないことでも自信満々で話す。

⑥自分の問題を隠すために、同種の問題を持つ人を、力いっぱい批判する。
⑦その場で自分が立派な人だと思われることを言う。

もちろんこれは、東大関係者に限ったことではないのです。むしろ、日本中に蔓延しています」

さらに、

「多少とも良心がうずくと、うまくいかないでボロが出ます。そういうものを一切さらけ出さないほどに、悪辣かつ巧妙であるためには、徹底した不誠実さと高速計算とがなければできません。東大にはそういう能力のある人材が揃っているのです」

ということらしい。

全国多くの「進学校」「自称進学校」ではこの半世紀を超えて、東京大学へ合格者を出すこと自体が一つの大きな目的になっているように見える。そのために受験に即応したカリキュラムを組み、早い時期からの文系理系のコース分けをし、最近では公立高校でも、全生徒から受験料を取って学校で業者の模試を受けさせることを、当然のことのようにやっている。このようなことをして、受験テクニックを効率よくつけさせ、一生懸命に東大に生徒を送り込んでいると思われることが多い。

しかし安冨歩氏が言うように、東京大学というところが悪辣で徹底した不誠実さをもつ人材が多く集まるところであるとしたならば、受験テクニックだけを効率よく身につけただけで、東大へ送り込まれた生徒はとても不幸なのではないかと思えてくる。そのような行為が果たして教育と言えるのだろうかとも思う。受験勉強だけに勤しんで東京大学へと進学した彼らは、「東大文化」の中で「東大話法」を身につけ、やがて先に見た政治家や高級官僚のような人間に育っていくのだろうか。

「徹底的に不誠実で自己中心的でありながら、抜群のバランス感覚で人々の好印象を維持し、高速事務処理能力で不誠実さを隠蔽する」人間にすることを望んで、東京大学に行かせるのであれば話は別だが、そうでないのであれば「徹底した不誠実さをもつ人材」が跋扈する東大で、自分を見失うことなくしっかりと学んでいけるだけの力が必要ではないか。いわゆる「生きる力」をしっかりと育て、「確かな学力」をつけたうえで東大へと進ませないといけないのではないかと思う。しかし、この「確かな学力」とは何か、ということをしっかりと考えたうえで、教育を行っている高校がそれほどあるとは思えない。高校といわず、その前段階においてもそのような学校はどれほどあるのだろうか。

安富歩氏の言うように、東京大学がこのようなところであるとするならば、ただただ東大への合格数を増やすことだけを目的とした行為に、はたして何の価値があるのかとも思う。

中澤渉氏は言う。

「教育の世界にも、競争主義や選択の自由の拡大といった市場主義的な価値観が採用されつつある。しかし競争とは、ある種のスタンダードな指標があって初めて成り立つものである。価値基準の全く異なるものの間では、比較のしようがないので競争が生じない。そこで教育の場合、競争はしばしば一発勝負型のテスト（英語ではしばしば high-stakestest として言及される）で生じる。

その結果、生徒の成績向上が具体的な目標となり、それに向けてカリキュラムが体系化される。そして教育活動の成果は、基本的にテストの成績に基づいて評価される。教育政策の有効性自体も、成績というパフォーマンスが向上したか否かで測られ、パフォーマンスが上昇すれば、胸を張って納税者に対する説明責任が果たせる。

そこで教育現場では、一定の価値基準のもとにつくられた指標で、高いパフォーマンスを出せる人材が養成されることになる。ただ、経済界が求めるような、創造性に富み、型破りで高いパフォーマンスを発揮できる人材がその一定の価値基準のもとで発掘できるのか、またそういう人材を養成する方法論が存在するのかは、議論の余地がある」(『日本の公教育』中公新書)

この「一定の価値基準のもとにつくられた指標」としてみたとき、「東京大学」はまたとない指標となりえたように思う。そこで生産される人間が「徹底的に不誠実で自己中心的でありながら、抜群のバランス感覚で人々の好印象を維持し、高速事務処理能力で不誠実さを隠蔽する」としても、そのことの是非は問わない。その価値に疑問を差し挟んでは、競争が成り立たなくなるということだろう。

「ただ、経済界が求めるような、創造性に富み、型破りで高いパフォーマンスを発揮できる人材がその一定の価値基準のもとで発掘できるのか、またそういう人材を養成する方法論が存在するのかは、議論の余地がある」と中澤渉氏は言うが、今までの時代の流れを見たときに、「それはできない」というのが普通の帰結だと思う。さらに日本の経済界が「創造性に富み、型破りで高いパフォーマンスを発揮できる人材」を望んでいるというが、本当にそのような人材を望んでいるのかというと、そこには大きな疑問が残る。そのような創造性に富み、型破りで高いパフォーマンスを発揮できる人材は、必ずしも今の日本の財界人の役に立つとは限らないようにも思う。

彼らが望んでいるのはつまるところ、「徹底的に不誠実で自己中心的でありながら、抜群のバランス感覚で人々の好印象を維持し、高速事務処理能力で不誠実さを隠蔽する」能力の高い人材ではないか、と思えてくる。

矢内原博士が「敗戦後、日本の教育を作りなおすという段階に、今なっておるのであります」と述べてから既に70年余りが過ぎた。しかし、未だに日本の教育は作りなおされたといえる状態になっているとは思えない。それどころか、ますます状況は悪くなっているようにも思える。そのことは、東京大学のおかれたこの状況を見ることで、はっきりと見えてくるのではないかと思う。

「近代以降の、日本の教育の流れを見ていくと、大正自由教育が花開いた時期もあるし、戦後は戦後で、教科書の知識を覚え込むよりも学習者の経験こそが大事だとする経験主義的な教育が広がりを見せた時期もあって、意外と多様なんですね。

こうして振り返ってみると、一人ひとりの個性、自主性を伸ばしていこうという考え方は連綿と続いていて、なくなりはしない。揺り戻しの時期があってそれが抑え込まれることはあります。ですが、そうしたことを繰り返しながら、少しずつ進歩していると私は思いたい」（前川喜平、寺脇研『これからの日本、これからの教育』ちくま新書）

と前川喜平氏は言う。そうであると私も思いたい。しかし、50年前の「詰め込み教育」が批判されていたときと比べて、今の教育が多少なりともよくなっているかというと、とてもそうとは思えない。現状を見たとき、50年前にはあった「詰め込み教育」に対する批判を50年かけて巧妙に消し去ってしまい、極めて効率よく「教え込む」システムができあがってきたようにも見える。日本の教育は、前川氏の言うように「そうしたことを繰り返しながら、少しずつ進歩している」のではなく、「そうしたことを繰り返しながら」、為政者、経済界の要求に忠実な人間を育て上げる方向に着実に進んでいっているのではないか、と危惧する。矢内原忠雄博士が言ったように、日本の教育システムが子どものためのシステムに作り直されることを願いたい。

原子力発電と東京大学

福島第一原発の事故から11年が経過した２０２２年夏、岸田首相は「原子力を最大限に活用していく」と突然に言い出し、方針を大きく転換した。それまで「可能な限り原発依存度を低減していく」としていた方針は、どこへ行ってしまったのだろうかと思う。

「安全確保を大前提とした運転期間の延長など、既存原発の最大限活用」などと言っている。福島第一原発の事故から10年以上を経過しても、廃炉に向けての歩みは遅々として進まず、溜まり続ける処理水は海洋へと放出された。そんな状態で、完璧な「安全確保」などできないだろうと、素人が普通に考えても思う。福島第一原発の事故自体が想定外だったと言っていたようにも思うのだが。また、大事故が起これば「想定外」で済ませるつもりなのだろうか。

そういえば原発事故後、「低線量の放射線は健康に良い」と言っていた「専門家」なる人がいたことを思い出した。、温泉などで微量の放射線を受けて体が活性化されるといわれているホルミシス効果のことを言っていたのだろうか。仮にこのホルミシス効果が事実だとして、それが福島第一原発事故が引き起こした状況を肯定できるものでないことは明らかだ。専門家とは何なのだろうかと思う。専門家の言葉が軽い。

原子力研究の世界は、潤沢な「原子力マネー」で産・官・学が結びついており、基本的に原発推進者ばかりで「原発村」と呼ばれているらしい。「原発村」の頂点いるのが東京大学大学院工学系研究科のＯＢたちということだ。

福島第一原発事故後、「原発村の中心にいる東大には、反原発の現役研究者は皆無です」と経産省ＯＢが語っていたようだ。

「原子力という分野は、すべての言葉を言い換えることで成り立っています。

・彼らは、『危険』を『安全』と言い換えます。

・彼らは、『不安』を『安心』と言い換えます。

・彼らは、『隠蔽』を『保安』と言い換えます。

・彼らは、『事故』を『事象』と言い換えます。

・彼らは、『長期的には悪影響がある』を『ただちに悪影響はない』と言い換えます。
・彼らは、『無責任』を『責任』と言い換えます。
これらの無数の言い換えが、この業界を成り立たせる基礎だったのであり、あの恐ろしい事故を経てさえ、今でもそれが続いています。すでに明らかなことですが、『原子力安全・保安院』の正しい名称は、『原子力危険・隠蔽院』です。なぜなら彼らの仕事は、原子力の安全を確保して保安することではなく、原子力の危険性を隠蔽して、あたかも『安全』であるかのように見せかけることだからです」(『原発危機と「東大話法」』明石書店)

と安冨氏は言う。

さらに、高木仁三郎氏の言葉を紹介する形で、

「原子力関係者が『結局自分があるようで実はないのですから、事故があったときに本当に自分の責任を自覚することになかなかなっていない』」

と述べている。そして、

「ここで傍観者という問題について触れておきたいと思います。これが東大話法の根幹に触れる問題だと考えるからです。学者は往々にして自らを傍観者と見なしたがります。私の見るところ、彼らは傍観を悪事だとは考えていません。どうも『客観』を『傍観』と履き違えているのではないかと思うのです。学者は常に客観的でなければならない。という信条を盾にとって、ここから『だから自分はいつでも傍観者でいるのが正しい』という、自分に好都合な結論を引き出しているように思います。

この『傍観者』的態度は、東大の原子力関係者において、目も眩むほどの水準に達しているといってよいでしょう。東大原子力は、歴史的経緯から見ても、人員配置から見ても、まさしく日本の原子力の『平和利用』に、最高度の責任を負う推進主体です。彼らは原子力委員会、原子力安全委員会、原子力安全・保安院、電力会社、動燃、各種審議会などのありとあらゆる機関の主要なポストに関係者を送り込み、そこから最大限の利益を引き出してきました。

しかし彼らが、今回の事故に全く責任を感じていないことは、すでに見たように、東大原子力の出した『原子力工学を学ぼうとする学生向けのメッセージ――福島第一原子力発電所事故後のビジョン』が明示しています。彼らは完全な傍観者であり、自分たちに責任があるという意識が欠落しています。

それどころか、明確に大きな権限を持つポストにいる御用学者が、完全に傍観者を決め込んでいます。その代表は言うまでもなく、班目春樹原子力安全委員会委員長です。彼の傍観者ぶりは、メディアを通じてだれの目にも明らかですから、ここで改めて論じる必要はないでしょう。

近藤駿介原子力委員会委員長は、4月26日の衆議院科学技術特別委員会で、社民党の阿部知子議員の質問に対する答弁で、自分たちのことを『外部』と明言しており、これもまた当事者意識は完全に欠落しています。鈴木達治郎同委員会委員長代理は、6月中旬に韓国牙山市で開かれたシンポジウムで、『原子力委員会は、安全性には責任を持っていない』と、ニコニコしながら言っています」(『原発危機と「東大話法」』明石書店)

ということです。

この3名の専門家はいうまでもなく東京大学工学部を卒業されている。班目氏は機械工学科の出身だが、あとの2人は原子力工学科の卒業だ。

市民科学者であるということ

政府の原子力政策に対して自由な立場で分析をして提言を行い、「市民科学者」として知られた高木仁三郎氏という人物がいる。安富氏の著書、『原発危機と「東大話法」』にも登場してくる。彼は1961年、東京大学理学部化学科を卒業後、日本原子力事業に就職して、原子炉でできる放射性物質の研究を始める。65年には東大原子核研究所に助手として転職する。その後、東京都立大の助教授となり、研究を続けた。やがて科学者としてどう生きるべきかを考えた結果、都立大を辞職し在野の科学者となる。彼も東京大学で学んだ一人だ。そして市民科学者として、原子力村の「専門家」とは全く違う専門家としての道を歩んだ。

高木仁三郎という人物の存在を知ったとき、彼のような自由な生き方をしている人を、「自分自身である」ことを求め続けている人のことを、ぜひ生徒に知ってもらいたいと思った。そのとき生徒に向けて書いた、彼について紹介した一文を次に載せておきたい。

その頃、同僚の一人が、「ハードボイルドとは、これは絶対にしない、これだけは誰に何と言われようと必ずするということをしっかりと持っている人である。しかし、決して孤立しているのではなく、自分一人では何もできないことを知っている。だから人と協調しようとする」というようなことを生徒に対して語っていた。

その尻馬に乗って、題名は、

「『ハードボイルドである』ということ」

とした。

「ライト・ライブリフッド賞」という賞を知っているだろうか。環境・平和・人権の分野では、「もう一つのノーベル賞」と呼ばれる大変重みのある世界的な賞だそうだ。１９９７年12月、ひとりの日本人がこの賞を受賞した。彼の名前は、高木仁三郎、原子力資料情報室（ＮＰＯ）の元代表で、現在高木学校主宰。彼がマスコミに登場してきたのは、79年のスリーマイル島原発2号機事故の後である。原発推進派の学者を相手に、冷静にデータをあげ、専門的な議論でも一歩も引けを取らず、説得力のある論陣を張っている姿がテレビの中にあった。86年のチェルノブイリ原発4号炉事故の後では、科学技術庁や厚生省が、日本の原発への影響や食糧輸入業者を配慮してか、具体的データを公開する努力をすることもなく、「日本の原発は安全」「日本の食品は安全、輸入食品も厳格にコントロールしている」とただ繰り返すだけであったのに対し、原子力資料情報室は、自らの測定データとヨーロッパのＮＧＯからきめ細かく入手したデータを公表し、「どのような食品や地域の汚染を、どのように注意すべきか」とパンフレット類を出し続けた。原子力資料情報室に情報を求める市民は日本全国へと広がっていった。一時は宮内庁からさえ、食品汚染についての問い合わせがあったという（「国民には汚染食品を食わせられても、『君』にお出しするわけにはいかない」ということなのか？）。この後も高木の活動は「原発とめよう！ 1万人行動」「脱原発法制定運動」と展開していく。93年、フランスから「あかつき丸」がプルトニウムを運んできたときには、「脱プルトニウム宣言」を発して科学技術庁前に座り込んで、抗議のハンストに入った。さらに95年から97年にかけての2年間、トヨタ財団の研究助成を受けて「ＭＯＸ燃料（ウラン・プルトニウム混合酸化物燃料）の軽水炉利用の社会的影響に関する包括的評価」という国際研究を行い、「プルトニウム分離の継続とＭＯＸの軽水炉利用の推進には、今や何の合理的な理由もなく、社会的な利点も見いだすことができない」という結論は、英語、日本語、ロシア語、仏語で出版された。このような活動の中で、「プルトニウムの危険性を世界の人々に知らしめ、また情報公開を政府に迫って一定の成果を上げるなど、市民の立場に立った科学者として功績があった」という理由で受賞となった。

さて、この高木仁三郎とはどのような人物なのだろうか？ 彼は１９３８年、前橋市に開業医の三男として生まれる。祖母から「こと志と異なることがあれば、切腹しても節を守れ」という武士教育を受け、この祖母と二人で疎開していた先で終戦を迎えるが、この夏休みをはさんで世の中が変わった。夏休み前まで「日本は神国で天皇は神、米英は鬼畜の類」と言っていた教頭が、「これからは民主主義の社会で、米軍は解放軍だ」と言う。「潔く切腹するはずだった軍人」は彼の期待を裏切った。高木少年の中に不満感とやり場のない憤りが残る。この不満と憤りの意味を小学校・中学校・高校と繰り返し反芻して考えていく中で、彼の中に一つの考えが育ってくる。それは、「国家とか学校とか上から下りてくるようなものは信用するな。なるべく自分で考え、自分の行動に責任を持とう」というようなものであった。中学・高校の高木は秀才だったという。東大へ進学し、数学を志向するが挫折する。化学科へと進んだ高木青年は60年安保の年には4年生になっていた。

この60年6月15日、国会突入デモで樺美智子さんが亡くなった。このとき高木のいた化学教室も、岸内閣の民主主義無視に抗議し、全学規模のストライキに参加するかどうか、何人かの教授・助教授も参加し議論がもたれた。ある教授が「学問は世事に流されず、中立性を保つことで独立性を保てる。科学は本来価値中立的なものだ」と言った。高木は「学問の独立性は、民主主義と自由、そして個々人の人間としての尊厳といったものの上に成り立つのではないか。それが侵されている今、学問の立場からこそ発言すべきではないか」と活動家でない自分こそが反論すべきではないかと思った。しかし、彼は発言できなかった。「権威者たちの前で怖じ気づいて自分の考えを述べられなかったのではないか。それはあれ程批判していたはずの、無謀な戦争へともっていかれた多くの大人たちの沈黙と基本的には同じではなかったのか」。高木の心の中に深い傷が残った。

彼は61年4月、日本原子力事業に就職し、原子炉でできる放射性物質の研究を始める。炉水の放射能汚染が予想外に強いことが分かる。高木は基礎研究を徹底的にやるべきだと考え、学会に論文を発表しようとした。会社はこれを喜ばなかった。会社で期待されていた放射能の専門家は、「放射能は安全に閉じ込められている」「こうすればうまく放射能は利用できる」と外に向かって保証するものだった。組織内での孤立を感じて、高木は65年、東大原子核研究所の助手に応募して転職する。しかしこのとき、まだ彼は原子力開発そのものには疑問を持っていない。宇宙線と地球の物質の衝突でできた生成物が出す微量の放射能を測定し、宇宙の歴史を探る研究をしていく中で、1945年以降、膨大な量の放射性物質が地球上にばらまかれていた事実を知る。どこへ行っても人工の放射能が雑音として飛び込んでくるのだ。放射能汚染のない時代の鉄を求めて、太平洋戦争で沈められた戦艦「陸奥」のサルベージした鉄を入手し、計測器を作って研究を続ける。高木は一連の研究で学位を得た。この頃から、高木は科学技術と専門家の責任について考え始めた。

69年7月1日、高木は都立大へ助教授として赴任した。それは都立大の目黒校舎の一部がバリケードによって封鎖されて3日後のことである。「組織の利害を第一に考える体質は、大学も企業も同じだ。学問のあり方が問われているのに、教授会ではバリケードをどう排除するかという技術論ばかり。「黙っていると賛成したことになるのでなるべく発言した」という彼は、いつの間にか「造反教官」になっていた。ある時彼は三里塚を訪れる。そこには空港公団が大量の警察力を動員して、ブルドーザーで農地を押しつぶしていた。その前方に、残る木に体を鎖でしばって抵抗する農民、地下壕にこもって抵抗する農民の姿があった。高木は宮沢賢治を繰り返し読み返し、三里塚で田植えを手伝いながら、科学技術と人間、科学技術と自然、科学者としてどう生きるべきかを真剣に考えた。そして高木は73年、都立大を退職し、34歳で在野の科学者となる。誰もたどったことのない道を歩みだした。

参考『AERA』99年12月20日号『市民科学者として生きる』岩波新書

（2000年1月18日　神奈川総合高校スイミーより）

高木仁三郎氏は、２０００年10月に亡くなった。彼は生前、原子力関係者について、「結局自分があるようでいて実はないのですから、事故があったときに本当に自分の責任を自覚することになかなかなっていかないのです。ですから、何回事故を起こしても本当に個人個人の責任にならない。最近はモラルハザードなどということを盛んに言いますけれども、少々厳しく言えば、モラルというものが確立する前提がない、そう思います。だから、そうなってくるとこれは単に原子力に限ったことではなくて、日本という国の少なくとも明治以来の富国強兵の技術の発達史の中であらわれてきていることではないかという気がしてなりません」と言っている。これは、福島第一原発事故の10年以上も前のことである。彼がここで述べていることは、原発事故後、見事に現実のこととなって現れた。

そのような現実を目の当たりしながら、「原子力を最大限に活用していく」と言い出した岸田首相にしても、事故が起こった時、自らに責任があるなどとは露程も思っていないのではないか。そう見える。

ノーベル賞と東京大学

大江健三郎氏が亡くなった。２０２３年3月3日のことだったという。3月14日の朝刊を見て、何とも言えない感慨を覚えた。

僕は高校まであまり読書をしたという記憶がない。全く本を読んでいなかったわけでもないとは思うが、少なくとも読書習慣などと言えるものはなかった。大学に入って、「受験勉強」なるものをしなくてよくなったので、少しは本でも読まなければいけないかなと思い読書を始めてみた。かっこをつけて本を選び過ぎたのかもしれない。読みだしてみるとなかなか理解できず、面白くない。最後まで読み切るということができずに途中で終わることが多かった。

そんな中で、大江健三郎氏の著作だけは、相当数を読んだ。なぜ大江にしたのかは覚えていない。生協の書籍部に行って、全6巻あったと思う、新潮社の『大江健三郎全作品』のうちの1冊を買って来た。それを読み終わるとまた、次の1冊を買って来た。そのようなことを繰り返して読んだ。今書棚を見ると『大江健三郎全作品　第Ⅱ期』は「洪水はわが魂に及び」の上下巻の2冊だけが残っていた。多分この辺りで読むことをやめたのだろうと思う。だから当時の大江の作品も、全作品は読んでいない。もう50年近く前のことでもあり、作品の内容はほとんど覚えていない。ただ『遅れてきた青年』を読んだとき覚えた衝撃、その感覚だけが残っている。

そのうちに、徐々に「大江健三郎」の名前を意識することもなくなっていった。

ところがそれから15、16年が経ったころ、突然に、「大江健三郎」の名前が目に再び飛び込んできた。1994年、ノーベル文学賞受賞。そのニュースを聞いて、「かつて彼の作品に魅了されたのはこういうことだったのか」と何となく納得して、改めてノーベル賞を受賞した作家の力量に感じ入ったことを思い出す。そして久しぶりに大江の本を手にとってみた。『沖縄ノート』『ヒロシマ・ノート』とルポルタージュを読み、さらにノーベル賞の受賞記念講演を載せた同講演の題と同じ書名の『あいまいな日本の私』

を読んだ。そして彼の反戦・反核の姿勢、さらに彼の説く「民主主義と不戦」の精神に触れた気分になっていた。

大江健三郎氏は、憲法９条を守るという姿勢は一貫していた。２００４年には、「憲法９条を守ろう」と訴え、井上ひさし、小田実、鶴見俊輔の各氏らとともに、「九条の会」の結成に参加した。また福島第一原発事故の後、事故について、「原発に対して鈍感で中途半端だった。咎められるべきだ」と自分を責めていたという。彼はなぜ「咎められるべき」なのか。当時のあるいはそれ以降も含めて、「原子力の専門家」といわれる「科学者」たちの、あるいは「原子力は安全だ」と言って、原子力政策を推進した人々の「自分の責任を自覚すること」になかなかなっていないありよう。あれだけの大きな事故を経験し、多くの国民が、同胞が傷ついていながら、なお原発により利益を得ようとする電力会社やそれと結びついた政治家の姿勢。それらを見たとき、大江健三郎という人の生きる姿勢の凄味が伝わってくるように感じる。一つひとつ出会う事象に対して自分のこととして捉え、そのうえで「自分自身であり続けること」を究極まで求め続けたのではないかと思う。その結果としてそこに反戦・反核の姿勢があり、民主主義の精神があったのだと思う。

蓮實重彦氏は彼の死に臨んで、「大江さんはノーベル文学賞を取ったから偉いのではありません。ノーベル賞とは関係なく、もともと偉い作家なのです」と言っていた。生涯を通じて反戦・反核を貫き、全身で「民主主義」を、そして「戦後の精神」を体現した作家だったと思う。

彼は１９３５年、愛媛県に生まれる。松山東高校を卒業して上京し、１年浪人して東京大学に入学している。文学部仏文科在学中の58年、23歳のときに「飼育」で芥川賞を受賞した。

今までに2名の日本人がノーベル文学賞を受賞している。21世紀に入って、日本人、日本の大学の卒業生のノーベル賞受賞者もだいぶその数を増してきた。東京大学の卒業生もそれなりの数、受賞しているが、それでも受賞者全体の3分の1程度だ。ただ、文学賞を受賞しているのは大江健三郎氏と川端康成氏の東大を卒業した2人だけだ。ノーベル文学賞の受賞者を生み出しているところに東京大学の懐の深さを感じる。

ちなみにノーベル平和賞を受賞した日本人は、東大の法学部を卒業している佐藤栄作氏だけである。ノーベル平和賞の受賞者を生み出したところに、東京大学のもついかがわしさを感じる。

「東大に行く」ということ

東京大学のことを思うとき、忘れられない女子生徒が2人いる。彼女らのことを考えると、東京大学に行くことも、そこで学ぶということも、とてもいいことなのではないかと思えてくる。

一人は、担任をやったクラスの生徒だった。Aさんは知識欲がとても強く、おおよそ何事に対しても興味があるように見える生徒だった。履修できる科目は、片っ端から可能な限り履修していたように思う。

別に理科系の大学に進むつもりもなかったようだが、数学は数Ⅲまで履修し、理科も物理・化学・生物・地学すべて学習していた。履修可能な科目数の限度に達していたと思う。それでも勉強したいと思う科目は、担当者に頼んで単位修得とは関係なく、聴講させてもらっていた。そんな科目がいくつかあったと思う。新聞は日経を読んでいると言っていたのが印象的だった。面談のときにお母さんは、「家では手伝いをよくやってくれて、妹や弟の面倒をよく見るんですよ」と言っていた。いろいろと話を聞いていると、家でそう長い時間勉強している様子はなく、片道1時間あまりをかけて通学してくる、その「電車の中では勉強していますよ」と言っていたように思う。実際のところはどうだったのだろうか。受験をことさら意識して勉強しているようには見えなかったが、なぜか模試は受けるのは好きなようで、「趣味で受けています」と言っていた。結果を聞いたことはないが、まあ、それなりの結果は出していたのだろうと思う。弦楽合奏部に入って、バイオリンを演奏していた。バイオリンは高校に入学してから始めたと言っていた。また芝居が好きなようで、こちらは校外で活動しているようだった。3年生になってもTV番組の隅の方に映っていたのを覚えている。セリフはなかった。

受験の時期が近づいてきても、受験する大学もなかなか具体的に決めることをしなかった。結局、文学部を中心に私立は早稲田、慶応、上智あたりを受験したように思う。それに国立の東大と一橋を受けた。東大に合格することはなかったが、ほかの大学には全て合格した。

卒業して大学に通い出してしばらくした頃、彼女が突然現れた。何を言うのかと思えば「来年もう一度、東大を受けたいと思います」と言う。一応、「東大はいい大学だと思うけれども、そこまでして行くこともないのではないかな」と言ってとめてみたが、彼女が聞くわけはなかった。

そのまま大学に通いながら東京大学を受験し、翌春には東大生になっていた。それからはそう会う機会もなくなった。何年かして、芝居への案内が届いた。観に行ってみると、市民劇団のようであったが、女優としてしっかりと演じていた。セリフがあった。その時はまだ大学生だったかもしれない。

大学を卒業してからも時々公演の案内が届く。その案内の内容はすぐに芝居ではなくなり、観に行くたびに、徐々に変わっていった。舞踊というのだろうか、身体表現というのだろうか、なかなか説明するのが難しい。一時期は、「舞と和装のコラボレーション」というようなことを言っていたと思う。作品を紹介するパンフレットには「パフォーマー」として彼女の名前が載っていた。最近は鐘の演奏に合わせて舞っている。創作した作品を通して、日本文化を世界に紹介するような活動をしているようだ。政府からの資金援助を受けることもあるようで、時々、海外にも行って公演している。コロナ禍でしばらく中断していたらしいが、ひとまずコロナも治まり、また海外での公演を始めたようだ。この前会ったときには、ニューヨークへ行くと言っていた。忘れた頃になると案内をくれるので、時々観に行っている。鐘の調べに乗った舞は美しいとは思うが、なかなか芸術とは難しいものだとも思う。そんなことに彼女は興味もないだろうが、メジャーになるのは難しいだろうと思う。当然のこととして経済的問題もあるのだろう。派遣社員として働いているようだ。一度会った時には「週に3日、魂を売っているんです」というようなことを言っていた。仕事においてはとても優秀なのだと思う。会社の方がなかなか離してくれないようだった。「東日本大震災の時には、たまたま仕事が切れていて、ボランティアとして現地にだいぶ長いこと入れたんですよ」というようなことを、お会いしたときにお母さんが話してくれた。

本人は「東大をカルチャースクールのように使ってしまいました」と言っていたが、「カルチャースクール」としての東京大学はどうだったのだろうか。それに対する評価は、まだ聞いたことはない。「カルチャースクール」としての東京大学は、たいそう使い出があったのではないかと思う。そこに東京大学の大きな可能性があるように感じる。

もう一人の忘れられない生徒に会ったのは、新しい職場に転勤して間もない頃だった。新学期が始まって最初の授業だったと思う。2年生のクラスで、授業が終わると一人の生徒がやってきて、「生物」の勉強の仕方について聞いてきた。「生物」を大学の受験科目として使うつもりらしく、2年生から新しく履修が始まる科目でもあり、2年後の大学受験を視野に入れて「どのように勉強したらよいのか」という勉強の仕方についての質問だった。何と答えたのだろうか、細かい内容は忘れてしまった。授業をしっかりと受けて、教科書をよく読んでおけばよい、というようなことを答えておいたのではないかと思う。進路について、どのあたりの大学を考えているのか聞いてみると、「一応、国公立大学への進学を考えています」とそのときは遠慮がちに、控えめな答えが返ってきた。

実際に授業を通して付き合ってみると、大変真面目に学習に取り組んでいる。「授業をしっかり受ける」とか「教科書を読み込む」とかいうことは、何のアドバイスにもなっていなかった。受験科目としては、一般的には対策は最後の方になることの多い「生物」においても、2年生のスタートの時点からこのように着実に学習を重ねていくというのだから、受験科目の中心となる「英語」や「数学」においては推して知るべしというところか。

程なくして、彼女の言う国公立大学というのは「東京大学」だということが分かった。別にそう気負っている様子もなく、東大の入試に向けて着実に学習を重ねていっているという印象だった。

何事に対しても手を抜くことをしない。学校行事にもしっかりと参加し、部活でもそれなりに活動していたように思う。クラスごとに舞台に上がり、練習してきた課題曲、自由曲を合唱する合唱コンクールのときだったのではないかと思う。その合唱とは別に、彼女は舞台に上がりピアノの連弾を披露した。特別に。なんでそういうことになったのか、いきさつは知らないが、なかなかの腕前だったと思う。コンクールの担当者が、生徒全員に聞かせたいと思ったということだろうから、当然ではあるか。

別に受験に必要な科目に限らず、すべての科目に手を抜くということをせず真面目に取り組んでいたと思う。当たり前のことを当たり前のこととしてやっていた。しっかりと極々普通に高校生活を送っており、その延長線上に東京大学があるということのようだった。否、着実に勉強をこなしていくという姿勢は、普通の高校生ではなかったように思う。しっかりと東大へ向けてのロードマップができあがっており、それを着実に歩んでいるという印象だった。塾には行っていたのだろうか。聞くこともしなかったが、塾など必要としなかったと思う。模試などもしっかりと受けているようで、結果を聞いたこともないが、聞くまでもなく着実に結果を出していたのは間違いない。

3年生としての学年の残りもわずかとなり、年の瀬も押し迫った頃だったろうか。東大の過去問をやってくるので添削をしてほしいと言って、持ってくるようになった。生徒が自ら進んで真面目にやってくるのだから、こちらもそういい加減にやるわけにもいかない。東大の過去問の添削となると、1年分を見るのに2時間、3時間とそれなりにこちらも時間がかかったように思う。その前に大体、僕のやった添削で正しいのかという問題もあった。こちらも自信があるわけではないが、断ることもできないので付き合ってみることになった。添削の内容がどうだったかはともかくとして、僕自身の勉強になったことだけは確かだ。それまでに彼女が受けた東大受験生だけを対象にした個別の模試と比較して、「河合塾の模試よりも、駿台の方がどちらかというと東大の問題に近いですよね」と感想を述べていたのが印象的だった。

センター試験の得点は9割をかなり超えていたのではないかと思うが、本人としてはその結果は少々不満であったかもしれない。東大には当然のこととして合格した。東大だけでなく早稲田、慶応、他にもあったかもしれないが10近くの学部を受けてすべて合格したと思う。何もそんなに受けなくても、東大一校だけでも十分なのではないかなとも思ったが、担任や進路指導部からの指導もあったのだろう。

東大に合格したことを報告しに登校してきた彼女に職員室の前であった。「おめでとう。よかったね」と言って、ふと彼女の手元に目をやると、そこには既になにやら英語の本が握られていた。「え、もう勉強を始めているのか」と言うと、「希望の学部に行くには、進振りがありますから頑張らないとだめですよ」という答えが返ってきた。東大での彼女の様子をそう知ることもなかったが、しっかりと学問と向き合った大学生活だったであろうことに疑う余地はない。4年後の有明コロシアムで行われた東京大学の卒業式では、彼女は学部を代表して卒業証書を受け取っていた。主席だったのだと思う。

賢い市民なることは間違いない。

東京大学というところは、面白いところだと思う。学ぶ人間のありようによって結果が変わってくるということは、別にどこでも同じだろう。しかし東大は、その振れ幅が極めて大きいように思う。それが東大の恐さでもある。

第二章　日本の教育、その質を求めて

教育改革の流れ

１９４７年から49年に生まれた団塊の世代が大学進学の年齢を迎えた１９６０年代、高校や大学への進学率の上昇と相まって、受験競争は社会問題となるほどに激化した。高校の授業は受験中心に行われるようになったといわれ、詰め込み教育が批判された。東大合格者は一部の都立高校に集中していることが問題とされた。受験競争の鎮静化と学力の学校間格差の是正を目的として東京都は１９６７年、高校入試に学校群制度を導入した。すると、

「開成が超進学校へと変貌したのは一九六〇年代の後半から。東京都が、入試による都立高校の学校間格差を解消しようと、六七年に『学校群制度』（八二年に廃止）を設けたためだった。これは、地区ごとに二、三校の『群』を構成し、群ごとに合格者を選抜する制度である。たとえばそれまで都内一の進学校といえば、都立日比谷高校だったが、日比谷の所属する地区は『一一』群。日比谷を目指して受験し、合格水準を達成したとしても、進学先は日比谷高校、三田高校、九段高校の三校から抽選で決まる。

学校群制度が制定されるまでは、日比谷や両国、新宿などの都立高校が全盛だった。ところが学校群導入により、優秀な受験生が、名門私立へとなだれ込んでいく。都内の高校界の〝潮目〟が変わった瞬間

だった」(永井隆『名門高校はここが違う』中公新書ラクレ)

というとことになった。日比谷をはじめ都立高校からの東大合格者は着実に減少したが、それに代わって私立や国立の中高一貫校からの東大合格者が増加していく。東大合格者が一部の高校に集中していることに変わりはなく、結局東大へ多数の合格者を出す高校が公立から私立、国立の高校に変わっただけだった。

1979年には入試での難問、奇問の出題をなくし、受験競争を緩和することを目的として大学共通第1次学力試験、いわゆる「共通一次」が導入される。しかしこれにより大学は序列化され、受験競争はさらに激化したといわれた。

そんな中、文部省は1980年以降「ゆとり教育」を推し進めだす。その結果着実に若者の学力が低下してきたという主張があり、90年代に入ると大学生の学力の低下が指摘されだした。1999年には『分数ができない大学生』、2000年には『小数ができない大学生』が出版され、日本のトップクラスの大学での学力低下が問題とされた。この大学生の学力低下も今となってはそう特筆すべきことでもなくなっているのかもしれない。この学力の低下問題と歩を合わせるように、公立高校からでは東京大学へ進学できないのではないかということが言われるようになり、問題とされる。私立の中高一貫校の人気が上がり、中学受験をする小学生が増えていく。そんな中で、遠山敦子文科相は2002年1月に緊急アピール「学びのすすめ」を発表し、初めて「確かな学力」という表現を使い「学習指導要領は最低基準である」と言いだした。しかしそのような状況下においても、文科省は「学力低下を示すデータはない、学力は下がっているかもしれないし、そうでないかもしれない」などと言って、世の中の大きな反対を押し切り、その年に「総合的な学習の時間」を目玉に、内容を3割削減したといわれた学習指導要領が施行された。ところが2004年の秋になるとOECDなどの国際的な学力調査で日本の順位が下がったという結果が立て続けに報じられた。すると急に中山成彬文科相の「競い合いが必要だ」というような発言がなされ、「確かな学力」の必要性がしきりに言われだす。

そのような中で東京都が2001年に「進学指導重点校」を指定した。すると続いて千葉県が、「学びを支える取り組みや進学指導に重点をおいて充実を図る」県立高校をやはり「進学指導重点校」として2004年から指定しだした。そして神奈川県では2007年に「学力向上進学重点校」として10校が指定された。埼玉県は2007年から「大学進学指導の充実を図り東京大学をはじめとする難関大学への進学実績向上に重点をおいた進学指導推進事業」を始め、それを発展させるかたちで2010年から2012年の間に11校の「進学指導重点推進校」をおいた。

そしてそれと並行するようにして、東京都では2003年には都立高校の学区制度が廃止される。神奈川県でもそれに倣うようにして、2005年の高校入試からやはり県立高校の学区制度を廃止した。

ゆとり教育の行方

「学力向上」、大切なことだと思う。しかしその一方で、向上させる「学力」とは何なのか、しっかりと分かっての施策なのかとも思う。20世紀の後半、世の中の「詰め込み教育はだめだ」という流れに乗って、文部省はゆとり教育を推進してきた。「生きる力」が必要だとされ、特に2002年の内容が3割削減されたという改訂学習指導要領の実施に向けては、当時の文科省の政策課長だった寺脇研氏はスポークスマンとして、頻繁にメディアに登場し、このことにより「古い学力」すなわち「受験の学力」は落ちるとしても、「新しい学力」「生きる力」はしっかりと伸びるとしきりに主張していたように思う。

しかし、2001年の東京都の「進学指導重点校」の指定に始まり、それを追いかけるように21世紀の初頭に首都圏の各県の教育委員会で行われたこれらの施策は、はたしてそれに沿ったものだったのだろうか。はなはだ疑問である。

これらの施策で求められる「学力」とは、「ゆとり教育」の改革の流れに従うのであれば「新しい学力」であるはずで、「生きる力」を支えるための「確かな学力」でなくてはならないはずである。しかし、実際に高校の教育現場で行われたことをみる限り、とてもそういうことにはなっていない。表向きは「ゆとり教育」を唱えながら、その実は「進学校」を中心に内容は「受験教育」にシフトしていったように見える。

「このように『ゆとり教育』は文科省の威信を著しく傷つけ、社会からの信頼を失わせたという意味で失敗だった。その原因はここまで何度も触れてきた文科省の悪癖である。

第1に、政策の意義を正確に説明しないことで世論の反感を買ってしまった。『ゆとり教育』を推進する背景には週休二日制の導入があったが、完全学校週五日制とわざわざ言い換えて、教員の休日増加批判を避けるような姿勢があだとなった。さらに授業日数を減らすことが教育内容や量に与える影響については正面から議論をしなかった。『週休二日制』という労働政策としての議論を避けたところに、文科省の腰の引け具合が見て取れる。

第2に、理念先行で『後方支援活動（ロジスティクス）』軽視だった。なによりも『ゆとり教育』の成否を握っていたのが教員の能力である。従来と異なる教育方法を必要としたにもかかわらず、文科省は教員の対応力に疑問をもたなかった。文科省は何かの政策を立てる際には資源制約を考えない悪い癖があり、ここでも教員の対応力に全幅の信頼を寄せてしまった。

教員に能力の違いがあるのはあきらかである。政策を実施する際にはそれを織り込み、ごく普通の教員がこなせる内容を考えるべきである。ところが文科省は教員全てが優秀だという根拠のない前提を置きがちだ」（青木栄一『文部科学省』中公新書）

ということだ。

概ねそのとおりなのだろうが、「教員の対応力に全幅の信頼を寄せてしまった」「文科省は教員全てが優秀だという根拠のない前提を置きがちだ」というのは明らかに違うと思う。文科省は「教員の対応力」というか「教員の能力」をしっかりと捉え、向上させようと本気で考えたことがあるのだろか。はなはだ疑問だ。

当初から「〝ゆとり教育〟の最大の目玉となっている〝総合的な学習の時間〟にしても、問題がありすぎる。確かに能力とやる気のある教師にめぐまれた学校では、それなりに成果を上げてはいるだろう。しかし、私にはそう言う教師があまねく小中高公立学校に存在しているとはとても思えない。やる気はあっても準備不足という教師も多いはずで、満足のいく〝総合的な学習〟ができているのは、一割にも満たないのではないか」（和田秀樹『公立小中高から東大に入る本』幻冬舎文庫）というような指摘はいくらでもあった。現場を見れば普通に考えてそういう結論になると思う。それに耳を傾けることもせず、「教員の対応力に全幅の信頼を寄せてしまった」というのでは、「教員の能力を向上させる」ようなことには、文科省は興味がないということなのだと思う。そのことは、結局本気で「ゆとり教育」を成功させようなどとは考えていなかった、ということにつながっていくのではないか。

文科省が欲しているのは、「言うことを聞く教員」であり、「忖度してくれる教員」ではないのだろうか。指示さえ出せば、現場が必死になって対応しようとして、最後は帳尻を合わせてくるだろうと高を括っているということなのだと思う。「文科省は教員全てが優秀だという根拠のない前提を置きがちだ」というのであれば、それは失敗したときに現場の責任にするためにはなくてはならない要素だからだと思う。

「生きる力」を支える「確かな学力」が従来の「受験の学力」と異なるものであるとするならば、それを生徒につけさせるためには、青木氏が言うとおり従来と異なる教育方法が必要であり、それを教員に習得させる必要がある。それにはしっかりとした研修の機会を確保しなければならない。それをやる気はなかった。あるいはやりたくなかったように思う。

それをやるためには、まず「確かな学力」を単に概念的に捉えるのではなく、従来の「古い学力」「受験の学力」との違いを整理し、その違いを明確にする必要があったのではないか。そのうえで、まずは「確かな学力」なるものがいかなるものか、一人ひとりの教員が理解し、しっかりと把握することが必要ではないか。そして、一般的な教員でもこなせる授業の方法を示さなければいけなかったはずだ。文科省のお役人に、その力がなかったので、「教員の対応力」に全幅の信頼を寄せたふりをして、現場に丸投げしただけではないかと思う。

２００２年の学習指導要領の施行を前に、寺脇研氏がテレビによく登場して、「ガラガラポンで一回壊さないと新しいことは始まらない」と主張していたのを思い出す。その発言のようにガラガラポンで壊した先に、「確かな学力」を子どもたちがつけるための青図があったようには思えない。「生きる力」「確かな学力」がどのようなものなのか。彼が具体的に語っているのを聞いた記憶はない。

「教員の質」とは

僕は数年前に東京大学の大学院に在籍してる一人の青年と知り合いになった。彼は地方の公立高校を卒業して東京大学に現役で合格した。そして教養学部で「一高記念賞」を受賞してそのまま大学院の修士課程へと進学していた。学問が好きなようであり、とてもよく勉強をしている様子だった。その様子を見て、そのまま博士課程まで進学するものと思っていた。また、それが彼には向いているようにも思えた。ところが彼は高校の教員になろうと考えていた。

その話を聞いたときに僕は真剣に止めた。今の世の中、教員に対しての制約がきわめて多い。それに加えて、くだらない仕事、いわゆるブルシット・ジョブが多すぎる。さらに２０２２年度に密かに廃止になったが、当時は教員免許には更新制があった。２００９年から実施されたこの制度は、10年ごとにほとんど「どうでもいい」といっていい、大した内容もない講習を時間をかけ、労力を払って、その上に教員各個人が３万円、場合によっては３万５千円もの費用を自分で負担して受講しなくてはいけない。この免許更新を忘れたために失職した現職の教員が何人も出ていた。この制度が入ったことによって、教員になろうという志願者は着実に減少し、確実に教員の質は落ちたのではないかと思う。文科省はその事実を当然のこととして認めたくないのだろう。多くの反対を押し切って安倍晋三氏が導入したこの制度の成果がどうであったのか、ろくな総括をすることもなく、隠すようにして廃止した。

この制度を入れた結果として、教員になろうという若者は減り教員不足となった。すると今度は仮免許を発行するなどして、社会人が教員になりやすくするといいだした。彼らにとって、教員の質などどうでもいいのだということがよく分かる。この間、免許更新を忘れたことで失職した教員は何だったのか。何のために辞めさせられなければいけなかったのかと思う。政策を導入して推進した政治家も、追随した「偉いお役人」も黙して語らない。人の人生を意味もなく変えてしまったことの責任は誰も取らない。

まあ、総括するまでもなく、無意味なだけでなく日本の教育を破壊し、著しくその質を低下させてしまったものであることは明らかだ。その制度設計のあまりの杜撰さのために、導入から10年ほどで制度自体が自ら崩壊していったといってよいと思う。

お役人の好きな「発展的解消」という表現すら使えないことが、そのことを如実に物語っている。

そのようなこともあり、彼には「教員になるのはやめた方がいいと思う」とさんざん言ったが、彼はどうしても教員になりたかったようだ。結局優秀な彼は、大学院の修士課程を修了して、高校の教員になった。さらにこれもやめておけばよいと思ったのだが、よりによって東京都の教員になった。僕が見る限りにおいて、彼は真面目であり、優秀だと思う。当然のことのように現場ではいいように、とても重宝に使われたようだった。これも当然のことであったと思うが、都立高校の勤務実態は「どブラック」だったらしい。回ってくる仕事は、ほとんどがブルシット・ジョブだったのではないかと思う。

そんな中、彼は新採用で配属された高校に5年間勤め、2校目の学校へと転勤した。新しい学校に変わった頃、科学史をしっかりと勉強し、研究をしてみたくなったようだった。そのうえで、しっかりした知見をもって生徒にサイエンスを教えたいと言っていた。そのためにも大学院の博士課程にいってドクターの学位をとってきたいという思いに至ったようだった。優秀な彼においては当然の欲求のように思えたし、生徒を教えていくうえでもとても良いことのように思えた。「彼の将来を考えたら、都立高校の現場にはもう戻ってこなくてもいいのではないか」とも思ったが、彼自身はドクターを取って、また都立高校で教えたかったようだ。彼がこの話をし出した時、年齢のこともある、僕はできるだけ早く大学院に行った方がよいと思った。しかし真面目で義理堅い彼は、その時担任をしていた学年の生徒が卒業するのを待って、1年遅らせて大学院に行くことにした。公立での教育にこだわりを持っていたのかもしれない。

休職して大学院にいって博士号を取得し、また都立高校に戻るつもりですべての計画を立てていた。ところが実際に休職して大学院へ行こうとしたところ、何と東京都の教育委員会がそれを認めなかった。修士課程に行くのであれば休職して進学する制度があるので、そのようなことが可能だが、博士課程にはその制度がないということが理由だった。そのことにどのような意味があるのかは不明だ。当然のこととして彼は納得がいかなかったのだろう。東京都教育委員会人事部に、「東京都は、都立の高校には博士号を持った教員は必要ないということですか」と聞くと「そう思ってもらってかまわない」というのが東京都教育委員会人事部の答えだった。彼の勤務校の校長は、彼が休職して大学院に行けるように随分と頑張ってくれたらしい。結局、融通の利かないお役人が認めなかったのだ。

この教員不足が問題とされて大きく取り上げられ、さらにその状況下において高大接続だと騒いでいるこの時代に、東京都の教育委員会の「偉いお役人」は、それらの問題を全く自分のこととして捉えていないことがよく分かる。彼らはどうも教員が彼らより高い学歴を持つことを好まないのではないか、と思える節がある。「教員には研修が必要だ」とよく言うが、本当に実のある研修を教員にされてしまうと彼らは困るのではないかとさえ思う。彼らには現場の教員と本当に何が正しいのか、何がベストの選択なのか、教育について本気で議論する力がなく、興味もないのかもしれない。力がないので、現場の教員と議論してより良いものを追求しようとする姿勢をもたない、もてないように思う。彼らができるのは、せいぜい役にも立たなかった、否、日本の教育を破壊した免許更新制に代えて、やるといっている研修を検討するぐらいのことではないか。これではまともな教育改革ができるわけがないと思う。まさにこれもブルシット・ジョブだ。

「大学院で学ぶ」ということ

青木栄一氏によれば、「日本は世界的にみればすでに『低学歴』国になっている」という。「修士号取得者数についてみると日本は１００万人あたり５００人ほどしかなく、アメリカの２５００人、イギリスの４０００人弱と比べて大きな後れをとっているばかりか、この10年ほどで微減している。また、学士号同様、日本では自然科学のシェアが大部分を占めるが、他国では人文・社会科学のシェアも半分もしくは自然科学よりも大きい（フランス、韓国）。この修士号取得者数の少なさが日本の研究者育成のボトルネックとなっている。

博士号取得者では日本は他国と比べて修士号取得者ほど見劣りしないが、アメリカ、ドイツ、フランス、イギリス、韓国に後れをとっている。さらに２００８年から２０１６年（アメリカ２０１５年、韓国２０１７年）にかけて、フランスを除き各国の取得者数は大きく伸びており、日本だけ博士号取得者が減少してしまった」（『文部科学省』中公新書）

「大学院教育を受ける人数が少なければ、社会で活躍する修了者はその分少なくなる」という当然の結果となる。さらに、

「日本では人文・社会科学分野の大学院修了者を社会が受け入れてこなかったが、その間に各国では社会の高学歴化が進行していた。問題を発見し、過去に学びつつ、解決策を模索し、粘り強く探求し結論に到達する。それを裏付ける分析能力と論文の形で表現する言語運用力は大学院教育でこそ身につく。学部

の学生が名刺の渡し方すら知らないと企業経営者が批判しているその瞬間にも、日本の低学歴化が進んでいく」（『文部科学省』中公新書）ということだ。

これでは技術立国があるわけがないと思う。

既に修士課程を修了している彼は、学歴によって出世することを望んで、大学院へ行くわけではない。都立高校の管理職に、あるいは都の偉いお役人に、彼を上まわる学歴をもつ人物はそうはいないと思う。学歴を、出世や経済的な側面から見るのであれば、彼は今更大学院など行かない方が明らかに得だ。そのようなものを度外視して彼は学びたかったのだと思う。そしてそれを生徒に伝えたかったのだと思う。よいことのように思う。実によいことだと思う。「日本の教育」にとっても価値のあることではないかと思う。

もう40年近くも前になるが、僕も同じような経験をした。大学を出て神奈川県の牧場で働いた後、県立高校に就職した。いざ授業をやってみると、ろくな授業ができない。真面目な大学生ではなかったのだから、当たり前といえば当たり前だったが、情けない話だ。経験が少ないのはしょうがないとして、圧倒的に知識量が不足していると思った。特に、適当にお茶を濁してきた実験は、基本的なところからしてなっていないように思えた。「問題を発見し、過去に学びつつ、解決策を模索し、粘り強く探求し結論に到達する」などということからはほど遠かった。これからも教員をやっていくのであれば、これではまずいだろうと思い、とりあえず大学院を受けてみた。するとなぜなのか、幸運にも入れてもらえることになった。できれば休職していきたい。それが無理で退職していったとして、採用試験には一度合格しているのだから、再度教員になるときには、無試験でそのまま採用してもらえないかと、都合のいいことを考えた。無試験で採用することぐらいならば、神奈川県にとっても損な話でもないだろうと思った。ところが、そうは甘くなかった。神奈川県の教育委員会のお役人から、彼と同じようなセリフを聞かされた。僕の場合は、行き先は修士課程だったが、「休職していきたい」と言ったところ、「行きたければ辞めて行って、また教員をやりたければ採用試験をもう一度受ければよいだろう」と言われた。当時は修士課程でも休職して進学する制度が全国的になかったと思う。制度がないこと、前例のないことについては彼らは対応しようとしない。彼らの得にならないことをわざわざ労力を払ってまでしようとする意思がないことがよく分かる。お役人が言っているようなことであるならば、わざわざ言われるまでもない。それを避けたいから言っているということぐらい分かっているだろうに、嫌みな奴だと思った。このときも校長先生は好意的に対応してくれたように記憶しているが、まあ結果は変わらない。結局そのとき退職して大学院に行ったが、それから10年もしないうちに、高校生の人数が減りだし、教員が余りだすと、「学術休職制度」というのだろうか、休職して大学院などで学んでくることができる制度が導入された。ただ当然と言っていいのだろうか、給料は無休だ。東京都では未だに、その対象に博士課程は入っていないのだろう。想定外ということなのだろうが、遅れている。

「創造的な人材が必要だ」とさんざん言ってきたのではないか。創造的であるとは、想定外であるということだと思うのだが、いかがなものだろうか。だからこそ貴重な存在なのだと思う。「偉いお役人」が、いかに対応力に欠けており、創造的でないかがよく分かる。彼らこそ、「確かな学力」が必要なのではないかと思う。

僕は「お役人」に言われたとおり、大学院で修士号を取ったあと、再度神奈川県の採用試験を受けて高校の現場に戻った。しかし、彼は少なくとも都立高校の現場に戻ることはしないと思う。まあ、戻らない方がよいだろう。

彼は大学院に行くにあたって、仕事を全くしないというわけにもいかなかったのだろう。私立学校の非常勤講師の採用試験を受けた。最初に受けたのは進学校だった。以前は東京大学にかなりの数の合格者を出していたが、最近はだいぶ減って一桁になり、数えるのに片手でも余る年も多いのではないかと思う。そのような学校を受けたが、そこは彼を採用しなかった。次に受けたのは有名私立大学の系列校だった。その学校はその有名大学への内部進学者も相当数いるのだろうが、東大にも相当数の合格者を出している。そのほかの難関といわれる大学の合格者も多い。生徒が自由に進路を決めているのだろうか。その学校での採用面接が終わり、「結果は後日連絡します」と言われて彼は学校を後にした。するとその帰路、家に帰り着く前に採用する旨の連絡が入ったという。どのような人材をその組織が必要としているかを見ると、その組織の価値が分かると思う。彼には開成高校からも何回か、「正規の教員をやらないか」という話が、非公式ではあるが来ているようだ。なかなかタイミングが合わず、まだその話を受けることにはなっていないようだ。

教育を改革するには

２０２２年から施行された学習指導要領は高大接続改革といわれ、初等中等教育改革と大学教育改革が関係し、さらに両者をつなぐ大学入学者選抜改革の一体化を目指して実施されたということだ。これに先立ち、２０２１年度大学入学者選抜から大学入学共通テストが実施された。これは高等学校教育の質の確保と向上を目的としての施策らしい。それを実現しようと高大接続を視野に入れて、接合点である大学入試を変えていくということで、センター試験から共通テストに変えられたようだ。少なくとも表向きはそうなっている。しかし、入試を変えることくらいで、高等学校教育の質が向上するものなのか。はなはだ疑問だ。高校で学ぶこと、大学に入ってから学ぶこと、そして社会に出てから必要なことがつながってくるのだろうか。順番が違うのではないかと思う。とても本気で高大接続を考えての取り組みとは思えない。

実際にはどうだったか。英語では外部試験の活用をめぐって迷走し、結局のところ最後になってそれは見送られた。国語、数学で記述問題が導入されることもなかった。アルバイトを使って採点しようとするなど、結局これも杜撰な制度設計をし、子どものことよりも民間企業にもたらせる利益を優先した結果、当然のこととして破綻したのではないかと思う。いたずらに高校生を振り回しただけだったように思う。それに対して、文科省の責任のある立場の人間から反省の弁を聞いたことも、謝罪の言葉を聞いた記憶もない。このような結果になぜなったのか。原因についてしっかりと分析しているのか。そのことさえもはなはだ怪しいと思う。

これもまた「ゆとり教育」「生きる力」のときと同じように「ガラガラポン」で始めてしまったように見える。普通に考えて、高大の接続をスムーズにしようとするのであれば、まずは大学で学ぶ上で必要とされることを高校の学習の中でしっかりと行うことが求められると思う。そのためには大学教育で求められる力を、高校の教員がしっかりと把握していることが大切なのではないかと思う。しかしここでも現場の教員の「対応力」「能力」には、文科省のお役人の、あるいは「偉い政治家」の興味はなかったようだ。「教員の対応力」は、子どものためにはとても大切なことだと思うのだが、「偉い大人」の興味の先は、常に金の動きということなのだろうか。

近年、大学の先生も実務経験が重視されたりして、博士号を持っている者の割合は減っているのかもしれない。しかしそれでも多くの大学教員は大学院を出て博士号をもっている。それは創造的研究を行うための訓練を受け、教育を受けてきているということの一つの証なのだと思う。しかし一方で高校の教員は大学院の修士課程を出てきた者でさえそう多くはない。まして、博士号を有している教員はほとんどいないのではないかと思う。このような状況で、日本全体が「低学歴化」していく中で、高等学校において大学で学ぶために求められる能力を伸ばす教育をすることが難しいのは、当たり前ではないかと思う。高校の教員が学問についてそれなりに豊富な知見を持ち、学問の魅力について語れなくて、どうして生徒にその魅力を感じさせ、さらに創造力を伸ばしていくことができるというのだろうか。本気で高大接続を考えているのであれば、高校の教員の博士号取得者を増やしていくこと、それが自然の流れになると思う。しかし、教育行政が考えることはどうもそういうことになっていない。彼らが求めるものは、浅い知識を、いかに分かりやすく教えるか。そんなテクニックをつけようという研修ばかりになっているのではないか。教員が持っている知識が乏しいもの、貧弱なものであるならば、それをすべて生徒に伝えたとしても高が知れている。生徒が興味をもてるわけがない。何のために1990年代に大学院の重点化を図ったのだろうか。文科省はそこで生み出されてくる大量の博士で何をするつもりだったのだろうか。現状をみると、若手研究者の安定したポストは減り、博士号を取得した若者の就職は相当に厳しいものがあるようだ。これでは「大学院の重点化」は大量のポスドクを生み出しただけ、ということになってしまうのではないか。この政策もやはり「ガラガラポン」だったのだろうか。「違う」というのであれば、しっかりとした説明が欲しいものだと思う。

本当に文科省は大学院での教育に価値を認めて、大学院の重点化を行ったのだろうか。はなはだ怪しいと思う。結局、若者に学費を負担させ、教育産業に新しいビジネスチャンスを与えただけだったのではないか。そのために「奨学金」という若者向けのローンまでも用意して商売をしたということか。

さらに大学で学んだことが社会で必要なことに繋がっていない、役に立たないという発言が産業界から聞こえてくる。大学の教育がだめだから創造的な人材が社会に供給されない、という主張がある。そしてそれがあたかも正しいことのように吹聴されている。しかし、これらの主張は本当にそうなのだろうかと思う。だいたい主張している彼らが本当にそう考えているのだろうか。はなはだ疑問だ。

21世紀に入り20年以上が過ぎた。今なお「学歴フィルター」なる言葉をよく耳にする。20世紀末よりも格段に耳にする機会が多くなったようにも思う。「学歴など意味がない」「東大を出たからといって使えない」、そのような発言を今まで多くの企業経営者から聞かされてきたように思う。しかし実際には彼らの多くは、新卒を採用するときには「学歴フィルター」を使う。実に分かりやすいと思う。東大生は、あるいはいわゆる「一流大学」の学生は彼らにとって価値があるということなのだろう。創造性などよりも「立場主義」で動いてくれる人間が、日本の企業では今なお重宝されているということなのだと思う。彼らは、自らの創造性の欠如を隠すために、日本の教育を、そして大学を声高に批判する。まさに「東大話法」を使っている。そのような企業家が、世界で伍していけるわけがない。

さらに思う。「大学での教育は社会で役に立たない」というこの主張が、仮に事実だとして、バブル崩壊からの30年、この日本の「失われた30年」は、大学教育がよくなかったから、創造的で有能な人材が産業界に供給されず、そのために日本の経済は衰退したのだろうか。

「大学のグローバル化を求める背景には、企業の国際競争力低下がある。大学教育が不十分であるから、大学が輩出する人材が企業に貢献しないというロジックである。つまり大学がグローバル化すれば企業はグローバル競争に勝てるという発想である。

しかし、企業がこれだけ大学に注文をつけて仮に優秀な人材を輩出したとしても、企業が高い人件費を払わない（払えない）という事実を経済界の人々は語らない。博士号取得者を雇用する企業が少ないことはかねて指摘されてきたが、政府も近年になってようやく言及しはじめたところである（２０１９年『成長戦略実行計画』）」（青木栄一『文部科学省』中公新書）

という。世界の経済は、そしてその中で日本経済も、新自由主義のもとグローバリズムを追求してきたように思う。そんな中で日本では、１９８６年に労働者派遣法が施行されたことに始まり、90年代には規制緩和が進んで非正規雇用の労働者が大量に生まれ、増え続けてきた。それにより人件費が容易にカットできるようになり、多くの企業は莫大な利益を上げ、内部留保を増やしてきたのではないか。そのような状況下においてさえ日本の企業は凋落した。

青木氏はさらに言う。

「しかし、その原因を大学の人材育成機能に求めるのは、企業の八つ当たりである。グローバルに活躍できる人材を日本の大学が輩出できているとしても、そうした人材はもはや賃金の面でも職場環境の面でも日本企業を選択しないからである。他方、日本の大学がグローバル人材を育成できていないなら、日本企業は日本の大学の卒業生を早々に見限って海外に人材を求め、英語を社内公用語にすればよい。だが、日本の賃金水準が平成の間ほとんど上昇しなかったように日本企業は優れた人材に見合う給料を支払えない。つまり、企業は自らの努力不足を大学に責任転嫁し、およそ根拠のない目標を大学に押しつけた」（『文部科学省』中公新書）

日本の企業の多くは、日本人の雇用を守ることをせず、海外から有能な人材を積極的に集めることもせず、安易な方法で利益を追求した。結果として、ＩＴ企業を中心とした産業構造の変革に多くの日本企業はついていけず、競争力を落としていった。そして日本は衰退途上国となった。経済界も為政者も、大学教育にその責任を押し付けることで、自らの「立場」を守ろうとしているのだろうか。大学だけが世界水準での競争が求められているわけではないだろう。そして大学教育が、さらに日本の教育全体が企業の都合、為政者の都合だけに合わせたものであってよいわけはない。だいたい日本を衰退へと導いてきた彼らに、正しく教育を理解し、語る力はないのではないか。そう考えるのが普通だと思う。

おそらく「受験勉強」することが勉強することだ、という教育を受けてきたと思われる彼らには、本当に必要とされる教育を語る力はない。

矢内原博士が1952年、東大の五月祭で「敗戦後、日本の教育を作りなおすという段階に、今なっておるのであります」と語った日本の教育は、その時から70年の時を経て未だ作りなされていない。悪くすらなっていると思う。そろそろ、「偉い大人」の都合を離れて、本気で子どもたちのための教育にしないといけないと思う。

それが「衰退途上国」からの回復につながっていく。

教育に求めるものは

「ゆとり教育」のところに話を戻そう。

「一年ごとに、教育内容を見直していたら『ゆとり教育』は短命に終わっていたはずです。

実際は二〇〇二年度から九年間はそのままの内容で続きました。二〇一一年の学習指導要領改訂時だって、学校五日制も、総合学習の時間も、とくに問題がないということがはっきりして、今もそれは続いているわけですね。ただその一方で、数学などの時間は増やす必要があるという話になって、これについては見直しがなされた。

そうやって決めていくものであって、それを経済官庁のように、やれクールジャパンだビジット・ジャパンだと、その時々の流れに乗ってやっていれば何とかなるものではないですよ。『教育は国家百年の計』って、みんな簡単に口にするけど、それは言葉の綾みたいなもの。私は『教育は二〇年』だと思っている。二〇年というのは、ちょうど一世代変わる時間なんですよ。『ゆとり教育』にしても、何だかんだ言われながらも、一五年たった。あと五年ほどすれば、それを受けた子どもたちが皆、二〇代になって社会に出てくる。そのとき、彼ら彼女らがどうなっているのかで、評価が定まるわけです。ですから、数カ月で株価が上がったとか、そういう世界とは全然違う」（『これからの日本、これからの教育』ちくま新書）

と寺脇研氏は言うが実際はどうなのだろうか。

「『ゆとり教育』の顛末を振り返ると、文科省がいかに後追いで事後的対応に追われたかが分かる。まず『ゆとり教育』批判や学力低下批判を受けつつも、『ゆとり教育』の看板をおろさないまま、新たに『確かな学力』という概念を持ち出した。

次に、ＰＩＳＡの順位低下を受け学力向上政策が加速した。第一次安倍政権が設置した教育再生会議でも、政治主導で教育改革が謳われた」（青木栄一『文部科学省』中公新書）

文科省は「ゆとり教育」の看板をおろさなかったが、誰も表だって「ゆとり教育」を語ることをしなくなった。看板をおろさなければ失敗したことにならないのだろうか。それが寺脇研氏の主張となる。お役人の考えることはよく分からない。いや責任を取りたくないということだけがよく伝わってくる。子どものことなど彼らの視野にはないようにみえる。

青木氏が語るように「ＰＩＳＡの順位低下を受け学力向上政策が加速した」。それは２０００年代に首都圏の各都県の高校で導入された「進学指導重点校」や学区撤廃などの政策を見れば明らかだ。そして一方では、「確かな学力」の概念も２０１１年から実施された「学習指導要領」にも盛り込まれた。

結局「確かな学力」と言いながら、それまでさんざん言っていた「新しい学力」と「古い学力」、すなわち「生きる力」と「受験の学力」について、その違いを文科省がしっかりと整理することはなかったように思う。文科省が言い出した「確かな学力」は「受験の学力」と具体的にどう違うのだろうか。文科省のお役人はそれを明確に語ることをしない。語る力がないようにさえ見える。少なくとも今、世間で言われている「学力」は、どう見ても「新しい学力」などではない。それは２００２年の学習指導要領の改訂で、寺脇研氏が「なくなる」とさんざんに言っていた「受験のための学力」ではないか。結局「古い学力」へと戻ってしまったようにみえる。そして状況は以前にも増して悪くなっている。この間、振り回されたのは子どもたちだ。このようなことになったのは、文科省が「確かな学力」という言葉を使いながら、それがどのようなものなのか、何を意味するのか、しっかりと語ることをしなかったからだと思う。それだけではなく「確かな学力」は「受験の学力」ではないということさえ、はっきりとは言わなくなったのではないか。世の中の子どもの置かれた状況を見れば、「模試を強制することで『確かな学力』は伸びない」くらいのことは言う責任があると思うのだが、完全に腰が引けている。

２０２０年3月に文科省から公示された学習指導要領は「生きる力」をはぐくむという理念で改訂されたという。「ゆとり教育」から「詰め込み教育」への転換ではないという。基礎的・基本的な知識を確実に定着させること、そしてそれを活用する力をはぐくむことをともに重視するという。「生きる力」とは「確かな学力」（知）、「豊かな人間性」（徳）、「健康・体力」（体）のバランスのとれた力のことのようだ。そして「知識および技能」「思考力、判断力、表現力」「学びに向かう人間性」等を3つの柱としているらしい。結構なことだと思う。

しかし実際に多くの高校が、特に多くの進学校あるいは「自称進学校」といわれるところがやっていることは何だろうか。先に書いたように、首都圏では都県ごとに多少名前の付け方は変えているものの、教育行政は「進学指導重点校」なる高校を指定した。そこで目指したものは何なのか。有名大学への進学者数の増加、特に東京大学の合格者数の増加。とにかくまず数が大事だったのではないか。そこで行われてきたことを見ると、そうとしか考えられない。東京大学の価値、そこに進学することの価値についてしっかりと考えたうえでのこととは思えない。そこに進路は一人ひとりの生徒のものである、という視点は完全に欠落しているのではないか。そしてその合格者数を増やすためにやられてきた手法とは具体的にどのようなものであったのだろうか。

その一例をみてみよう。一例ではあるが、他の「進学校」「自称進学校」といわれてるところでもそうは変わらないように思う。

東大合格者の増産に向けて

２００７年12月11日、神奈川新聞の朝刊社会面に「崩れゆく機会均等　『格差』の中の県立高校」「公教育の役割放棄に」という記事が載った。神奈川県は２００７年に「学力向上進学重点校」を10校指定した。それによって実際に高校の現場で起こったことの一例がそこには書かれていた。

そこに書かれた事実を考えると「学力向上進学重点校」、これは何のための施策だったのか。そして誰のための施策なのか。大きな疑問が湧いてくる。少なくとも子どものための施策にはなっていない。20世紀末からさんざん言われてきた「生きる力」はどこへ行ってしまったのだろうかと思う。そこで向上することが目指された「学力」は、少なくとも文科省が言ってきた「確かな学力」などではないことは確かだ。結局、１９６０年代に社会問題となり、批判され続けてきた受験競争へと、「受験のための学力」をいかに効率よくつけるかということへと回帰しただけのことではないのかと思えてくる。そして、そのことに対する批判を世間で耳にすることは、ほとんどなくなったのではないか。

神奈川新聞の記事「公教育の役割放棄に」で取り上げられた「進学校で有名な県立高校」の事例は、２０２１年、２０２２年と50人以上の東大合格者を出した横浜翠嵐高校での出来事だ。そこで行われたことは、とても「生きる力」をそして「確かな学力」を伸ばすものなどではない。逆に生徒たちがそれを求め、伸ばしていきつつあった「生きる力」をパワハラによって抑え込み、生徒が望むか否かなどは顧みることもなく、効率よく旧来の「受験のための学力」をつけさせることで、進学実績を上げることだけを目的としたものであったように思える。

新聞記事は同校の春の終業式の様子から書き始められている。有名大学への進学実績を上げる進学重点校への指定を控え、全生徒参加の補習を行うために土曜日を部活禁止にしようと計画する学校と、それに対して反発し、終業式の場で、相次いで校長の考えを正す生徒の様子が書かれていた。記事には書かれていなかったが生徒と校長とのやり取りは、2時間半にわたって行われたようである。その場での校長の対応は極めて不誠実であり、生徒から「札幌農学校のクラーク博士は生徒に向かって『ルールなどいらない。Be gentleman』と言われたそうです。先生、今のあなたの態度はgentlemanといえますか」というような発言がなされるような状態であったらしい。しかし生徒が頑張った成果があったのか、このときは、4月の始業式で「土曜午前中の部活動の自粛はしないことにする」という校長の発言で、この件に関しては一旦は収まったようである。

しかし、「立場」が大切な「立派な大人」はそう簡単には諦めることをしない。「有名大学への進学実績を上げる」ための施策は、着々と進められていく。新年度になると新たに入学してきた新入生を対象に、「勉強合宿」なるものを実施する。さらに生徒全員を対象にして、授業を潰して模試を実施しだす。当然のことのように模試を受けるための費用は生徒が負担する。海外の大学へ留学をするので必要ない、という生徒にも受けることを強制したようだ。

そしてなぜか、「身だしなみ指導」ということで、服装検査が行われるようになる。個別の指導も強化されるようになっていったようだ。新聞記事で取り上げられた「終業式」から1年半ほどたった２００８

年の秋になると、校長も代わっており、またあの終業式の場にいたときは1年生だった生徒は受験期に入っていた。それを見計らってのことなのだろうか、突然に「部活動は週休2日、土曜か日曜のどちらかは休みとするように」ということが校長から一方的に通告される。あの終業式での議論を踏まえ、かつて校長と生徒との間に交わされた確認事項は、何ら説明されることなく、一方的に反故にされたようだ。学校外での自主練習についても禁止され、違反すると休部にするということだった。部活の終了時間、下校時間も厳格化されていく。違反するとこれも休部ということだった。ある日の夕刻、下校時間を20分ほど過ぎ、見咎められて逃げた生徒がいた。翌朝のホームルームで、全校的に情報提供を担任から呼びかけられたようだ。密告社会を作りだそうとしているのだろうか。ここに一つの真実が見えてくる。

「また、もう一つ注意すべきことがある。それは、ハラスメントがコミュニケーションの重要な要素である規則・制度・概念・言語・記号などの存在によってはじめて可能になり、しかもそれらは、本質的にハラスメント的側面をつねに帯びている点である。それは、ちょうど包丁が料理をするための不可欠の道具であるにもかかわらず、殺人の道具にも使えることに似ている。殺人を防ぐために包丁を全廃することが不可能であるように、ハラスメントを防ぐために、たとえば規則を全廃することは不可能である。包丁は殺人の道具にもなりかねないことを意識しながら、料理のために使わねばならない。規則は、それがハラスメントの道具となりうることにつねに注意しながら、コミュニケーションのために使わねばならない。そのことを忘れて規則を振り回すのは、包丁を振り回す以上に危険である」（『生きるための経済学』NHKブックス）

と安冨歩氏は言う。そしてまた、河合隼雄氏は言う。

「しかし、ここで『統制』や『秩序』はだれのための、どのような意味をもつものであるかを考えてみる必要がある。教師が笛によって生徒を『統制』し、『秩序』正しく行動させている、と思っているとき、それは生徒たち各個人にとっても『統制』や『秩序』なのかどうかを検討しなくてはならない。

敗戦を体験するまでの軍国主義教育においては、生徒たちは集団として秩序正しく行動することを、たたきこまれていた。しかしそのことは、生徒一人ひとりにとって何を意味しただろうか。本質的な意味における『秩序』とか『統制』ということが生徒自身のものになっていただろうか。ここで、日本の軍隊のことを持ち出すこともあるまい。だれかに統率されて秩序正しく行動することと、各人が自分自身を統制することは、簡単には結びつかないのである。

このように考えると、笛によって体育の授業を行っても、それは子どもの教育にはなっていずに、ただ教師にとって便利なことをしているだけである場合も多いことに気づかされる。あるいは管理のための笛が教師の上から響いており、笛を吹いている教師自身がそれに踊らされているに過ぎないことも知るべきである」（『子どもと学校』岩波新書）

これは体育の授業での笛の効用について述べたものであるが、「笛」を「規則」に置き換えれば、そのまま「校則」ついて当てはまるのではないか。

学校というところには、やたらと規則を振り回したがる輩が多すぎるようだ。校則というマニュアルがないと指導ができない、そういう力量のない教員が増えているということの証左なのだろうか。

生徒は署名を集め、全生徒の3分の2に及ぶ名前の書かれた「制服についての要望書」を校長に提出して学校側に説明を求める。しかしそれらの生徒からの働きかけに対して「丁寧に説明する」と言いつつ、「丁寧な説明」が行われたことは一度もなかった。

「署名は数による暴力だ」「署名を勝手にしたのだから、捨てたって読まなくたってほっといたって、それは私の個人の自由だ」「議員や知事に署名を渡しても、全員に説明するわけではない。私に説明する義務はない」「上の言うことに従わないとまとまらない。それが社会だ」「エリート、リーダーを育てる責任がある。私は嫌われてもかまわないから、社会に出てルールに従うことを教えている」というような発言が校長からはあったようである。「規則は、それがハラスメントの道具となりうることにつねに注意しながら、コミュニケーションのために使わねばならない」ことを全く理解していないようである。否、意図的に規則を振りかざすことで、ハラスメントによって生徒を管理しようとしているということなのだろう。情けない限りである。このようなものを教育とは言わない。

そしてさらに安冨歩氏は創発的コミュニケーションとして次のように語る。

「私があなたに話しかける。あなたがそれを受けとめて、言葉を返す。私がそれを受けとめて、あなたに言葉を投げかける。それをあなたが受けとめて……。このやりとりの連鎖もまた、一つの循環するフィードバック回路を形成している。

この回路に双方が住み込むことで、お互いについて学び合い、認識を新たにしていくことができたとき、そこでは創発的なコミュニケーションが成立していると言える。このとき、お互いが、相手のメッセージを受け取るたびに、自分自身の認識を改める用意がなければならない。それを私は『学習』と呼んでいる。メッセージの受信、学習、メッセージの送信、という作動を、双方が維持しているとき、これを『対話』ということができる。それゆえ『対話』と『創発』とは不可分な関係にある」（『生きるための経済学』ＮＨＫブックス）

おそらくそうなのだと思う。

この「創発」とは、「全体としての性質を見たとき、そこにはそれを構成する部分を足していった単純な総和にとどまらない性質が現れること」をいうらしい。生命現象は創発そのものであるだろうし、組織マネジメントにおいても語られることが多いようだ。「確かな学力」を伸ばす。さらに「生きる力」をつけるということを考えたとき、「創発」はとても大切な要素になるだろう。そしてそれ自体が「創発」そのものなのではないかとも思う。安冨氏は「創発」には「対話」が不可分だと言う。そして「創発的なコミュニケーション」が必要で、それには安冨氏が言うところの「学習」する姿勢が必要だということになってくるのだろう。

河合隼雄氏も言う。

「原理を深めるとは、自分のよって立つ原理に対立する原理にも意味があることを認め、その葛藤のなかに身を置いて、右に左に、それを繰り返しながら、自分のよって立つ原理をできる限り他と関連せしめることによって、ものの見方を豊かにしていくことである。言うなれば、二つの原理を梯子の両側の柱のようにして、その間を一歩一歩下ってゆくのである。そのようにして深めてゆくとき、足が地について、ここを基盤にと感じるところ、そこにその人の個性が存在していると思われる」（『子どもと学校』岩波新書）

「学力向上進学重点校」の施策を見たときに、とてもそこに創発的コミュニケーションが成立していたとは思えない。生徒からのメッセージに対して、それをしっかりと受けとめる、そしてそれから自らの言葉を返すことのできない「偉い大人」には、生徒の「確かな学力」「生きる力」を育むことはできないのではないか。結局「学力向上進学重点校」で向上を目指す「学力」とは「受験の学力」であり、それを効率よく伸ばすことを目的としている。そのためには創発的コミュニケーションをやめ、対話は行わない。「私は嫌われてもかまわないから……」と言って、ひたすら規則を振り回すことでハラスメントにより「生徒のため」を演出しようとする。「上の言うことに従わないとまとまらない。それが社会だ」に至っては、校長はそういう社会がいいと思っているということなのだろう。きわめて浅薄な考え方だと思う。

カリキュラムも2008年の新入生から受験に即応したものへと大きく変えられる。それまでの全人教育を標榜していたカリキュラムからは、芸術科目、家庭科の単位数は大きく削減され、社会・理科は受験に有利とされるものへと重点が移されたようだ。「倫理」など選択履修すらできなくなっていたかもしれない。そしてそれまでされることのなかったコース分けが、早い時期からされるようになる。「受験」のことしかその視野にはなく、それが完全に目的となる。「向上させるべき学力とは何か」、文科省の言う

「確かな学力とは何か」ということについて考え、語られることなどはなかったのだろう。「確かな学力」とは「受験の学力」だとくらいにしか考えていないようにみえる。だいたい模試を受けることで「確かな学力」が育つわけがない。そして彼らがこうまでして入れたがっている、生徒へ進学することを強要しているようにさえ見える東京大学は本当に価値があるところなのか。そういうことを考えての進路指導なのだろうか。それに対しての思考は、完全に停止している。

今、世の中ではキャリア教育の重要性がまことしやかに語られている。その中で東京大学だけはその価値について考える必要はないということなのだろうか。彼らにはそれに疑問を持つ視野がない。

確かに難関とされる大学への合格者は増えた。２０２１年には東京大学への合格者は50人におよんだ。東京大学へ進学する生徒の数は増えたが、その結果は40年後、50年後には、「佐川宣寿」氏、「中村格」氏のような多くの官僚を生み出すことになるのかもしれない。「葉梨康弘」氏や「寺田稔」氏のような政治家を生み出すかもしれない。それが校長が責任があると言っていた「エリートを育てる」「リーダーを育てる」ということなのだろうか。普通に考えれば、そのようなことに価値があるとは思えない。少なくとも主権者たる国民のためにはならない。そうであるならば、税金を使って運営している公立高校でやるべきことではない。

２０２０年に改訂された学習指導要領で、育むべきだとされる「生きる力」は「知識および技能」「思考力、判断力、表現力」「学びに向かう力、人間力等」を3つの柱としているらしい。

これはまず「知る」こと、そして人の話をしっかりと聞き広く「知る」こと、そのうえで人の頭ではなく、自らの頭で考えて正しく「知る」ということが必要になるということではないか。

安冨氏は、「知る」という過程について暗黙の次元の作動、「暗黙知」の重要性を語る。

「『知る』という過程は、無数の手がかりに依拠しつつ、それを暗黙の次元の過程によって、統合することで実現される。相手が何語でしゃべっていたのかさえわからなくなる、という事実は、そのときの手がかりが意識に上ってこないことを示している。

その上、対象について形成した知識の持つ意味が、くまなくわかっているわけでもないことにも注意すべきである。たとえば『創発』という言葉を言われただけで何かが分かった気がするのだが、それが何を意味するかを正確に言い当てることはきわめて難しい。あるいは、新しい科学的発見があったとき、その発見の持つ意味は十分に理解されないのが普通である。たとえば相対性理論が生み出されたとき、それが原子爆弾を含意することは誰にもわかっていなかった。

つまり、暗黙知という過程は、よくわからないものに依拠し、よくわからない方法で統合し、よくわからないものを獲得する。という謎の過程なのである。それゆえにこそそれが『暗黙の次元』に属すると言われる」

さらに、

「ポラニーは、科学的知識の形成にとっても、この暗黙の次元が重要であることを指摘する。科学的発見は、明示的事実の積み重ねと、それを明示的に説明するための最小限の論理の構成によって行われるのではない。科学的発見は、さまざまな無数の事実を手がかりとして、科学者の意識が真理の探求に向けられたときに、暗黙のうちに統合されて生み出される」さらに「科学的知識は暗黙知の作動によって獲得される」（『生きるための経済学』ＮＨＫブックス）

と言う。

「知る」という過程における「暗黙の次元の作動」の重要性。「知る」ということは、明示的事実の積み重ねと、それを明示的に説明するための最小限の論理の構成によって行われるのではないという。それは謎の過程だというのであるからそれを明示してしまっては意味がなくなるのだろう。学習の効率化を追い求めていった先には、「確かな学力」はないということのようにも思う。

ここに見てきたような事例は、横浜翠嵐高校に限ったことではないように思う。21世紀に入ってから程度の差はあるにせよ多くの「進学校」あるいは「自称進学校」、それも公立高校でかなり広範に行われてきたことなのではないのか。教育委員会の指導の下に施策として行われてきたといってよいと思う。教育委員会の発想がその程度のものなのだと思う。文科省の言っていることをしっかりと聞いているとは思えない。また文科省も腰が引けており、本気で言っているわけではないということなのかもしれない。

被害者になるのはいつも子どもであり、迷惑するのは現場だ。「生きる力」を、「確かな学力」を一番必要としていたのは、「受験教育」のもとで育ってその桎梏《しっこく》から自由になれない、教育委員会のあるいは政府の「偉い」お役人だったのではないかと思う。彼らは「受験勉強」することが勉強することだと思っている。「受験勉強」でしか「勉強」を知らない彼らの発想が、その領域を出ることはないようにみえる。それは創造的人材の必要性を説く多くの企業家も同じではないのかと思う。

「学力向上進学重点校」の求める学力とは

多くの大学ではリベラルアーツの重要性が語られているように思う。それにもかかわらず高校では入試に即応したカリキュラムの編成をする。芸術科目を削り、家庭科を削り、理科・社会の科目では受験で有利だとされる科目に偏重したカリキュラムを組む。受験において重要視されていない一部の社会や理科の科目は、希望しても履修すらできないということさえ起こる。そして早い時期からの文系理系へのコース分け。さらに生徒全員を対象にして業者の模試を受験させる。それは多くの場合、授業を潰してまで実施される。それが教育的にどのような意義があるのか、生徒一人ひとりにとってどのように有益なものなのかを考えているのかは、はなはだ疑問だ。おそらく考えてなどいない。さらには部活の活動を大幅に制限する。場合によっては、生徒一人ひとりの家庭での勉強時間までも管理しようとする。高校生活は、すべてが現役での大学合格に向けてだけのためにあり、とことん効率化されていく。これで学習指導要領でいうところの「確かな学力」が付くと考えているのだろうか。このようなものは少なくとも寺脇研氏や前川喜平氏が言っていた「ゆとり教育」の根本理念、「個人の尊厳」「個性の尊重」「自由・自律」を目指した教育ではない。規則を振り回すことで、ハラスメントにより「量産型受験生生産システム」を作り上げ、

「量産型受験生」の生産に励んでいるだけの話ではないのか。このような中から個性的で創造性をもった人間が育つと考えることには、どう考えても無理があると思う。どうだろうか。

それでも公立高校で東大合格者数が増えれば、「公立の復活」などと言われて、週刊誌に取り上げられるなど評価される。評価されるのは校長か、教育委員会か。いずれにしろ彼らの「立場」は守られる。そのために一人ひとりの生徒には、受験生の「立場」で忠実に役割をはたすことを求めている。だいたい税金を使った公立高校で、量産型受験生の生産をすることを目的とすることにどのような意義があるのか、疑問だ。そんなことよりも「賢い市民」をぜひ育ててほしいものだと思う。塾ではさらに知識を細分化して受験生に提供して教え込み、効率よく「東京大学」の入試問題が解けるようにする。そのことが、世間的には大きな価値となる。

「教育の『実状』を考えてみると、日本人すべてが、『勉強のできる子はえらい』という、一様な価値観に染まってしまっている、と言えないだろうか。親は子どもの点数のみ、序列のみを評価の対象にする。少しでもよい点をとってきて、少しでも上位に位する子は『よい子』なのである。教師も親ほどではないにしても、それに近いであろう。

このような考えの根本には、『よい大学』を卒業し、『よいところ』に就職すると幸福になる、という考えがある。しかも困ったことには、『よい大学』というのが、ほとんど一様にランクづけされている、という事実がある。子どもの個性に従って大学を選ぶのではなく、その成績によって適当なところを選ぶ、という考え方である。

なぜこのような一様性が生じるかについては後で論じるが、このことがどれほど子どもたちの『幸福』を奪っているかについて、よく考えてみる必要がある。親は子どもの幸福を願うと言いつつ、それを壊すことを平気でしているのだ。教師も多くそれに加担している」(河合隼雄『子どもと学校』岩波新書)

ということになる。

このような事実は、今も変わらずあると思う。しかし、河合隼雄氏がこの本を書いたのが1992年だ。ここから10年のゆとり教育の流れの中で、「『よい大学』を卒業し、『よいところ』に就職すると幸福になる」とは考えない親が一定程度増えてきたように思う。もちろん「いい大学」に進学することを否定するものではないのだろうけれども、その前に行事、部活等を含めて学校生活をしっかりと充実して送ること、あたり前の高校生活をあたり前に送ることに価値を認め、そのことを学校に求める。その上での進学であると考える。ところが、河合氏が言うように「教師が親に加担する」のではなく、近頃は親を飛び越して公立の高校が、生徒に「よい大学へ行くこと」を求めだしたように見える。横浜翠嵐高校にその例をみてきた通りである。教育委員会の意向を忖度して現場の校長が頑張り、文科省は黙認する。そのような構図が見えてくるように思うが、いかがだろうか。「いい大学」に行くことが、絶対的な価値でなくては困る「偉い大人」がいるということだろう。

一部の高校に東大合格者が集中している事実はよく語られるが、それが「問題である」として語られることはほとんどなくなったように思う。このような状況を見ると、「詰め込み教育」が批判されていた50年前、60年前のほうがはるかにまともだったのではないかとさえ思える。少なくとも当時は受験を目的とした授業は「詰め込み教育」と批判されていた。

受験競争に疑問を持ち学歴社会に反発する多くの若者がいたように思う。東京大学が存在すること、そしてその価値に対して疑問を持っている多くの若者がいたように思う。「東大解体」が叫ばれ、１９６９年の東京大学の入試は実施されなくなった。しかし今、「東京大学」の価値について考える若者はどのくらいいるのだろうか。少なくともその声は当事者である若者に限らず、「立派な大人」も、「教育の成果を見るスタンダードな指標」となった東京大学の価値に異論を差し挟む者はほとんどいなくなったように見える。そこに疑問をもっては受験業界が立ち行かないということなのだろう。否、受験業界だけではなく、日本の経済界が立ち行かないのかもしれない。そしてそれらは、公立学校までも飲み込みつつあるように見える。

いつのことだったか。僕が大学院を出たころだったから、１９９０年頃か。大学で実験の相談にのってくれたり、世話をしてくれた職員の女性が「最近、東大は入ることが随分と難しくなったのよね。でも学生の学力は随分と落ちているのよね」と言っていたことを思い出す。その話を聞いたときは、今一つそのことが釈然としなかったように記憶している。しかし、今になるとよく分かる。彼女はしっかりと、周りの現状を捉えていた。

20世紀の後半より「受験教育」「詰め込み教育」の批判から、教育行政により「ゆとり教育」が進められ、「生きる力」の必要性が語られた。そしてその方向に進んでいるようにみえた制度改革は、その制度設計の杜撰さと、現場の状況、教員の対応力の分析すらしなかった文科省の見通しのない手法により破綻した。そしてその「生きる力」の看板をおろさないままに持ち出された「確かな学力」は、少なくとも表向きは「生きる力」を獲得するために必要だとされたものであったと思う。文科省はそう言っているのではないか。しかしいつの間にかその「確かな学力」は「受験のための学力」にすり替えられてしまったようにみえる。50年、60年の時を経て、生徒がおかれている状況はもとに戻ってきたようだ。否、戻ったのではなく、以前にも増して悪くなっているのではないか。当時とは比較にならないくらいに効率化され、子どもが自ら考え試行錯誤する機会さえ奪っているように見える。そして文科省はそのことを是正しようともしない。見て見ぬふりをしているのだろう。この現状は、高大接続を目指すという状況からは大きく乖離している。全く逆方向へと向かっているのではないかとさえ思えてくる。

そして企業は、大学教育に創造性のある人材の育成を望んでいるようなことを言いつつ、実のところは「立場主義」に従順な人間を採用している。あらゆる面で、本音とたてまえの乖離が大きくなっているのではないだろうか。

「偉い大人」の犠牲になるのは、いつの時代も子どものようだ。

「確かな学力」とは

「生きる力」を構成する一つの要素として「確かな学力」があるとしたとき、それがどのようなものなのかと考えると、河合隼雄氏が著書『子どもと学校』（岩波新書）の中で述べている一つの事例にそれを見ることができるように思う。

「京都大学教授の生物学者、日高敏隆さんにお会いしたとき、個性を伸ばすという点で参考になる、小学校の先生についての話を聞くことができた。

小学三年生のときに日高少年は、今でいう不登校症になる。当時の極端な軍国主義教育に対して、強い反発を感じたからである。少年は昆虫が好きだったが、当時のことだから『昆虫学で飯が食えるか』ということで親は問題にしない。八方ふさがりの状態で、少年は自殺を考えてナイフまで買ってくる。

ところが、ある日、担任教師が家庭訪問に来るなり、『お前は自殺しようと思っているだろう』と親の前で指摘して、驚いている両親に対して、『敏隆君に昆虫学をやらせてください』と言う。両親はあわてふためいて、『はい、やらせます』ということになる。昆虫学ができることになって喜んでいる少年に対して担任の先生は、昆虫学をするためには国語も必要、数学も必要と説明して登校をすすめ、次に、『今の学校はお前に合わない。すぐに転校しなさい』と言って、日高少年に適切な学校名をあげた。というのは、少年が通っていた学校が極端に軍国主義的な校長の方針で、馬鹿げた教育をやっていた（このために、文部大臣賞を獲得している！）ので、それほどでもない近くの小学校を見つけてくれていたのである。

そこで日高少年はすぐに転校して登校し、彼の昆虫学への興味はますます開花してゆく」

やがて東京大学理学部動物学科を卒業した彼は、研究を続け「アゲハチョウ蛹における形態学的体色変化の内分泌的機構の研究」という学位論文で博士号を取得した。

どうだろうか。日高少年は昆虫学をやるために多くのことを学び、知識を豊かにしていった。そのことにより「確かな学力」がついてゆき、それにより「生きる力」が育まれたように思う。

そして日高少年のおかれた状況は「極端に軍国主義的な」校長を「進学実績を極端に意識した」とか「社会の要求あるいは組織の要求に忠実な人間を育て上げることを極端に意識した」という表現に置き換えれば、今でもいくらでも起きている、多くの子どもが置かれている状況ではないかと思う。


寺脇研氏が著書『これからの日本、これからの教育』（ちくま新書）で言っている「ゆとり教育の根本理念は、前川さんがさっき話してくれたように、『個人の尊厳』、『個性の尊重』、『自由・自律』、にあるわけです」と言う通りであるならば、それによって育まれるはずである「生きる力」、さらにはその重要な構成要素の一つである「確かな学力」は、少なくともカリキュラムを「受験即応型」にし、文理のコース分けを行い、模試を受けさせるような教育で育まれていくようなものでないことだけは確かであると思う。

現状は「われわれ大人が既成の知識体系を注入することに熱中しすぎて、子どもが個々に持っている個性を壊すことになっていないか」（河合隼雄『子どもと学校』岩波新書）と危惧されることになっているのではないか。

そしてそれはけっして子どものことを考えてのことではなく、「偉い大人」の「立場」を守るために起こっていることのように思える。

第三章　受験勉強をすること

高校生活と受験

定年退職して、予備校に勤めだした。予備校で働くのは、まだ教員になりたてだった頃、仕事を辞めて大学院に通うことにしたときに非常勤講師をやって以来なので、30年ぶりぐらいだった。30年も経つと社会も大きく変わり、そして業界も様変わりしていた。前回は１９８０年代も半ば、18歳人口は増え続けており、受験業界は活況を呈していた。駆け出しの教員を辞めて大学院生になったばかりの僕に、かなりの単価の報酬を払ってくれた。そのおかげで無事大学院を修了することができた。

今は時代は少子化へと進み、大学進学率は上がっているものの、一般受験で進学する生徒は半分もいるのだろうか。大手予備校でもかなり苦戦して縮小しているところもあるようだ。そして私立大学の医学部は、30年前に比べるとはるかに難しくなっている。僕が受験生だったころは、金を積めば入れてくれるような私立の医大がいくつもあったように思う。国家試験の合格率が低くて問題になっていた私立医大もいくつかあった。今はどうもそういう状況ではないようだ。

「もちろん、国立大学医学部とは比べるべくもないが、今や多くの私立大学の医学部の偏差値は、早稲田や慶応の理工学部に並ぶ（あるいはそれ以上）までになっている。早稲田や慶応の理工学部も十分に難しいのだから、私立医大の学生に対して、これと同等の敬意が払われてしかるべきだと思う」（河本敏浩『医学部バブル』光文社新書）

ということのようだ。全体として受験業界の市場は「医学部受験」へとシフトしていっているようだ。映像授業を売り物にする予備校も大きく伸び、全体のシステムも変わり、授業も少人数、個別指導を行うところが多くなっているようだ。少子化に伴い一つの家族の子どもの数も減っている、その分一人の子どもにかけられる金額は増えたのだろう。教育単価は上がっているようだ。

そんな中で、授業をして一人ひとりの生徒と接し、いろいろと話を聞いているとそれぞれの高校での授業の様子もなんとなく見えてくる。

夏も終わって2学期に入った頃だったと思う。都内のある女子高に通っている3年生の生徒を担当することになった。学校での授業の様子を聞いてみる。教科書を使わずに先生の自作プリントで授業をやっているということだった。授業の進度は速い。もうすでに教科書で扱っている内容は一通り終了して、受験に向けての問題演習を始めているようだった。しかし、それにしては、まだまだ十分に教科書の内容を理解しているとはいえず、これから頑張って受験までに実際に入試問題がどれくらい解けるようになるのだろうかという状態にみえた。最初の授業が終わって控室に戻ると、事務の担当者が「どうですか」と様子を聞いてきたので、「学校のカリキュラムはずいぶんと先取りしていて、進度はかなり速くて、もう既に一通りは終わっているようなのですけれど。理解しているかという点からすると、まだまだこれから頑張らないとというところですかね」と答えた。すると「そうですか。いわゆる身の丈に合わないカリキュラムということですね」と言われた。彼の様子からすると、そういう状態に陥っている学校はそう珍しくはないように思われた。学校としては、まずは受験生に向けて「しっかり大学入試に対応したカリキュラムを組んでいます」と宣伝することが営業上必要なのだろうか。多くの学校で生徒の実態を考えることなく、まず先取りしたカリキュラムを採用する。そのこと自体に価値があるということなのだろう。生徒の学びは置き去りにされているように思われた。

そんなことを考えているうちに、以前神奈川県の公立高校に勤めていたときのことを思い出した。3年生の担任をやっていた。夏休みも終わって秋に入ったころだったと思う。保護者とのクラス懇談会があった。そのクラスは特段変わったクラスでもない、ごく普通のクラスだったように思う。楽しく普通に高校生活を送っている生徒が多かったと思う。部活にもほとんどの生徒が加入して熱心に活動していた。5月にあった校内の陸上競技大会では、陸上部の部員が何人かいたこともあったのだろう、何となく「みんな結構頑張っているな」と思って見ていたら、終わった時には優勝していた。7月の体育祭では1年から3年まで縦割りにしてクラスが集まり、色別のブロックを組む。当然3年生のクラスから代表のブロック長を出す。最初、そのブロック長がなかなか決まらず手間取っているようだった。でもこれも終わってみると優勝していた。確かに準備が始まると、マスコットの制作なんぞも含めてほぼ全員が関わって手際よく分担し、下級生に指示を出して頑張っていた。ほとんど何もしなかったのは、担任くらいだったかもしれない。学校行事があるたびにのめり込むメンバーが何人もいたように思う。そんな状況での学校生活で、秋になってもまだ公式戦を残し、現役で部活を続けているサッカーの部員などもいた。遅れがちの受験勉強に、多くの保護者の皆さんは「子どもの進路」に不安をもっていたのだと思う。そんな状況の中で、当然のことのように「こんな状態で、受験は大丈夫なんでしょうか」というような話になっていった。「ここから集中して、受験勉強をしていけば、頑張り次第でしょうが、合格に届くのではないかと思いますよ」と裏付けがあるわけではなかったが、適当に当たり障りのないことを答えた。すると一人のお母さんが、「やはり、私立の中高一貫校で、5年間で一通りのカリキュラムを終わらないと大学入試は難しいのでしょうかね」と言われた。世の中の、一般的な認識としてはそういうことになっているのだろう。しかし、その認識自体本当に正しいのかとも思う。「駿台とか河合塾とか、予備校に行ってみてください。いわゆる御三家と言われているような私立の中高一貫の名門進学校の出身者が結構浪人していますよ。高校で他と質的に違うとすれば、灘と筑駒くらいじゃないですか。あとは、東大に受かる数が多いか少ないかの問題であって、それは大した問題じゃないのではないかと思います」と答えてみた。さらに「今、社会から求められているのは、地方の公立高校の出身者で、いわゆる骨太の高校生ですよ。まさにうちの生徒たちですよ」とその頃どこかの週刊誌でみた記事の内容を付け加えた。保護者の皆さんもそれなりに納得してくれたようだった。

そんなクラスだったが、受験の結果もそう悪いものではなかったように思う。もちろん進路は一人ひとりのものであり、満足な結果ではなかった生徒も何人もいたと思う。それは一人ひとりの生徒に受け止めてもらうしかないが、しっかりと受け止めてくれたのではないかと思う。クラス全体をみると、39人いたメンバーのうち4人はそれぞれに思うところもあったようで、浪人生活に入った。残りの35人は大学へと進学した。何でこんなに受かったのか、理由はよく分からないが、いい数字だと思う。

進学先は国公立大学に8人ほど進学したと思う。東京大学に合格した者はいなかった。誰も東大を受けることをしなかった。東京大学にこだわりを持って受験勉強をすれば、合格した生徒もいたのではないかとも思う。北大、東工大、お茶の水、横浜国大、横浜市大、長崎大など地元に限らず、それぞれが考えて、こだわりをもって幅広い地域へと広がって行ったように思う。慶応には2人行った。早稲田は3、4人が進学したと思う、合格数だけでいえばその倍ぐらいにはなったのではないか。最近何かと週刊誌等で取り上げられる「GMARCH」にもかなりの生徒が進学していった。この結果をどう捉えるかは、いろいろな見方があると思う。俗に言う「生徒の背中を押して」やれば、偏差値でいえば、もうワンランク、ツーランク上の大学に行けたのかもしれない。担任が何もしなかったことは確かだ。クラス全体の進路実績の評価などはする必要もないと思う。彼らが充実した「普通」の高校生活を送ったこと、そして自分で考えて進路を決めたことは間違いない。

そんな中で、印象に残っている出来事がある。慶応大学に指定校推薦で進学した生徒がいた。彼が「慶応の指定校を取りたいと思うんですけど」と言ってきたとき、「指定校か。とれそうな成績でもあるし、それでもいいかもしれないけど、一般で受ければいいんじゃないの。経済はないよ」というようなことを答えたように思う。「指定校にすると11月頃決まるから、それは楽だろうけれども、そのあとの4カ月、5カ月をどう過ごすかが大事だろうね。みんなは受験勉強をしているわけだから、そこが入学から先のことを考えると、大切なところかもしれないね」というようなことを付け加えたと思う。結局彼は指定校の枠で慶応大学を受験して合格が決まった。それはよかったのだが、しばらくすると時々休むようになった。合格が決まったので適当にやっているのだろうか、しょうがないなあくらいに思って放っておいた。するとある日、やってくると「英検準一級に受かりました。ちゃんとやってましたよ」と報告してきた。とても嬉しそうであり、若干、得意げでもあった。学校を休んでいたのは、英検の勉強をしていたということらしい。学校を休んで英検の勉強するというのもいかがなものかという気もしたが、その時の彼にとっては、学校へ来て授業を受けることよりもそちらの方に価値があったということだろう。いずれにしろ自分で決めてやったことだから何も言うこともないかと思った。要するに、彼は担任の話をまじめに聞いていたということだ。そして自分で考えて、決めてやったということだ。大学へ行くために勉強するのではなく、勉強をするために大学へ行く、そのために今できる勉強をする。いいことではないかと思う。

今思うと、なかなかいいクラスだったような気がする。

予備校でもないのに、最近は公立高校でもどうも「受験勉強する」ことが「勉強する」ということになっているように思う。受験勉強など勉強の合間にするものではないかと思うのだが、いかがだろうか。

受験勉強と勉強

予備校の4月の最初の授業だったと思う。授業が終わると一人の生徒がやってきた。浪人生活も2年目か、もしかしたら3年目に入っていた生徒だったと思う。「一通りやって、基礎的なことはかなり覚えたと思うんです。でもそれがなかなか全体が繋がってこないんですよ。これからどうすればいいんでしょうか」と聞いてきた。高校の授業で教科書を使っていたかと聞くと、先生の自作のプリントを中心に授業が進められ、教科書はほとんど使わなかったようなことを言った。教科書は一応持ってはいるようだったが、「教科書を一度くらいは通して読んだかな」と聞いてみると、どうも読んではいないような様子だった。「まずは繰り返し教科書を読むことだね。だいたい受験勉強のやり過ぎだと思うよ」と言っておいた。なんとなく納得したような表情ではあったが、実際にはどうだったのだろうか。

医者という職業は、よほど魅力的なのだろう。医学部合格を目指して何年も浪人を繰り返している生徒がいる。勉強をさぼっていて学力がつかないのは当然として、一生懸命やっているように思うのだがなかなか学力がついてこない生徒がいる。なぜなのだろうかと思う。5年6年と浪人を繰り返している生徒の中には、大学ごとの試験問題、特に試験問題の出題傾向、形式などにとてもよく精通している生徒がいる。「あそこの問題には絶対にこれが出ますよね」などと言い、僕などよりはるかに入試問題に関しての知識はもっているのではないかと思う。おそらくすべての受験科目について大学ごとの問題の傾向、対策に長けているのだろう。いくつもの予備校を渡り歩き、多くの講師からそれぞれの話を聞き、「知識」として蓄積してきたのだと思う。「それでなぜ入試に受からないのか」とも思う。一言で言うと受験勉強のやり過ぎではないかということになる。

予備校に勤めだし、30年ぶりにまた「入試問題」とまともに付き合うことになった。この30年で受験業界は、当然のことではあるが大きく変わった。少子化の影響が大きく影を落としているのは当然であると思うのだが、それでいて一向に「大学入試がやさしくなった。大学は入りやすくなった」ということを聞いたことがない。もちろん「ボーダーフリー」の大学は増えており「Fラン大学」などと揶揄されている。大学に行こうと思えば、そう受験勉強などしなくても行けるのだろうが、そのことにはあまり触れられることはない。大学は「東京一工」「旧帝大」「早慶上理」「GMARCH」などと、大学群として語られることが多く、一般に難関大学といわれるところはそれぞれに難しくなっているらしい。少なくとも業界関係者はそう言っているように思える。本当かと思う。普通に考えてそんなはずがない。受験業界として、「大学入試は難しくなってもらわなくては困る」という事情はあるのだろうが。

それぞれの塾、予備校が大学ごとに問題傾向をよく分析している。そして入試問題を解くことに向けて極めて効率的な指導を追求しているようだ。中には「参考書のルート」だとか「勉強法、勉強の仕方」を教えてくれる塾がある。勉強ではなく勉強法を教えてくれる。スケジュール管理をしてくれるところもあるようだ。世の中、何事も「Ｈｏｗ ｔｏ」が大切らしい。

医学部を目指し、何年も浪人を重ね、受験のエキスパートとなっている、しかし大学には受からない彼らの話を聞いていると、そこには極めて効率化だけを求めた「受験勉強」が見えてくように思う。各単元ごとに切り出して勉強している。彼らの意識の中心は「覚える必要があるかないか」あるいは「どこまで覚えるか」。予備校で、あるいは高校でもそのような授業を受け続けてきたのだろう。

僕は「生物」を教えている。彼らは各単元ごとに知識はそれ相応にもっている。しかし、それらの知識をつかって生命現象を全体として捉え、全体の中でそれがどう働き、どう関わり合っているのかというところからの視点はない。まして化学、さらには物理や数学の自分の持っている知識を使うと答えはどうなるのだろうかというようなことには思いがいかない受験生が多いように思う。ただただ効率よく入れた知識を答えとして出そうとする。その訓練を繰り返してきたように思う。「出題者が求めている答えは何なのだろうか」ということに意識が全くいっていないように見える。これは「受験勉強」をやり過ぎた結果ではないかと思う。試験というのは答案を通しての出題者とのコミュニケーションだということをもう少し考えた方がよいと思う。

安冨氏は著書『生きるための日本史』の読了前特別動画の中で、自らの著書の捉え方について次のように述べている。

「物事というのがつながっているからしょうがないんですね。スポッと取れるなら取ったものについてだけお話しできるじゃないですか。これこっちから見たらこうですよ、こうですよっていけるけど、残念ながら物事っていうのはつながっているんですね。だからどれか引っ張ったらずるずるっていっぱいついてくるわけです、ばらばらって、私としてはどれか引っ張ってずるずるついてきたものについては、ずるずるついてきたものについて全部お話ししたいんですね。何を引っ張っているか分からんよねって。スポッと取れないんですよということをお示ししたいわけですね。なので、これを引っ張ったらついてくるものについてみんなお話ししているという。それを全部お話しするとですね、話があっち行ったりこっち行ったりしているように思えるという」

それを受けて清水有高氏が、

「体系だってこうじゃあ『立場』について、『立場』だけをスポッと取り出してこれだけ教えてよっていうふうに、まあそういうふうに思っても無理なんですよ、でもまあそういうふうに思わされる。なんでそれが可能なのかと思ってしまうかというとこれは多分学校教育の弊害」

と述べると、それを遮るように安冨氏は、

「学校教育だけじゃないと思いますね。近代のアカデミズムそのものがスポッと取れるんだよという前提で、経済についてだけお話しできますとかいう無茶苦茶なことを掲げるわけですよね。経済って何っていったら、それでも正体はですね人間社会、人間がこうって生きていくことを各人がやっていて、でも一人では生きていけないから、みんなそうお互いにやりとりをすると。そうやってこう世の中っていうのは形成されてもっているわけですけど、それについてのある貨幣的な側面とかさ、物質循環的な側面についての議論が経済と呼ばれているに過ぎないわけですから、経済について語ろうと思ったらですね、必然的にその社会全体について語らないといけないはずなんだけど、経済っていうのは経済だけでスポッと取れるんだと、その需要と供給となんとか、ＧＤＰとなんとかって、金利がとか言ってそこだけで議論が閉じるんだよっていう設定で経済学というのがあるわけですね。

だからそもそもこのスポッと取れるっていうのは、学校教育だけでなく、その背後にあるアカデミズム全体がもっている建付けなんですよね。でもその建付け、実は無理だってことは実はみんな知っているし、みんな感じているんだけど、可能だという前提で人はしゃべってるし、あらゆるそのメディアから流れている言説もスポッと取れるんだという、原発の話は原発の話だけできるんだよ、というふうに構成されているので、それに馴染んでしまってくると、そこだけスポッと取れていない話を聞くと、ええ加減にしてくれっていうことになりがちっていうこと」

と続けた。するとそれを受けて清水氏は、

「なりがちですね。まあやっぱり、それによってこの何て言ったらいいのだろうな。ものすごく自分の中の、その脳みそが無茶苦茶にされているんですよ。そのまあ知性が無茶苦茶というか、魂の作動が無茶苦茶になっているというかね。安富さんの今回の本の中でも読んでいただければ分かるんですけど、例えば福島原発の事故があったにもかかわらず、あのゴミ当番があるから帰らないと、という話とか。(注)普通に考えて、え、原発爆発している関東地方に何で行くのっていうね。これはあのゴミ当番があるからっていうのっていうのも、私はこの我々の魂がズタズタにされているからこそ思ってしまうことだとも思うし、後はその例えば安倍晋三とかが、原発であればですね、オリンピックと合わせて、『アンダーコントロール』と、何で言えるのっていうと、明らかにコントロールできていないものを

（注）この仕組みは私たちの日常生活に残存していて、強烈なのはゴミ当番です。弁護士をやっている私の友人は、もともと原発を嫌っていました。彼の妹さんが結婚して東京に住んでいたのですが、福島第一原発事故が起きた時、彼は原発事故がどれほど恐ろしいかをつぶさに知っていたので、真っ青になった。とにかく大阪に帰ってこいと言って、妹は嫌がっているのに家族全員を大阪に呼び戻しました。

それで一緒に固唾を飲んでニュースを見ていたら、妹さんが急に「明日帰る」と言い出すのです。愕然として、なぜ放射能の降り注ぐ東京に帰るのかと聞くと、「ゴミ当番だから」と。そのくらい重いのです。放射能が降っていようとも、ゴミ当番という役を果たさねばならない。その思いが、私たちの骨の髄まで刻み込まれている。

その起源が10世紀くらいなんですね。そして江戸時代に完成したシステムです。そんなに簡単には取れません。ゴミ当番を振りちぎってでも放射能から逃げ出すということは、日本人にはなかなかできないです。そうやって考えれば、どうして福島の人が逃げなかったのか聞く必要がないです。理由はズバリ、ゴミ当番です(『生きるための日本史』青灯社)。

何で言えるのかっていうと、まあもうズタズタにされているからそういうふうに思える。安倍晋三のズタズタ加減はね、一般人の一億倍くらいすごいから、でもまあそういうことなんだと思います。いろんな意味で、スポッと取り出して、ここだけ喋れるやろっていうふうな幻想のせいで、いろんなところで動いているせいでそういうふうに魂がズタズタになってしまっている。これは弊害だなと思いますよ」「この本を通じてですね。あのそのそういう、何ていうの、物事がつながっているってことに対する感覚をですね、回復していただけることができれば、買った価値があって、読んだ価値があったと思っていただけるかなと思うのですが……」

と言っていた。

安冨氏が言うとおり、「スポッと取れるっていうのは学校教育だけでなくその背後にあるアカデミズム全体がもっている建付け」とするならば、アカデミズムはそういう前提にあるということを踏まえると、アカデミズムだけでは物事を理解できるということにはならないということになる。「引っ張ってずるずるついてきたものについては、ずるずるついてきたものについて全部」について考えていかないと分かるということにならないということなのだろう。

元京大総長の山極寿一氏は、

「そんなふうに話や行動を共にすることで、人との触れ合いを覚えていくようになる。それは同じ研究室の仲間だから、割と簡単にできるわけです。でも、われわれのような研究者に必要なのはフィールドに行って、いろいろな立場、いろいろな文化の人たちと、同じように触れ合いながら彼らの気持ちをきちんと理解し、こちらの言いたいことを伝えるというコミュニケーション能力をつけることです。さすがにこれは一筋縄ではいかないようでみんな苦労します」（『京大式おもろい勉強法』朝日新書）と言っている。安冨氏が言っていることと同じではないかと思う。「分かる」ということのために必要なのは、アカデミズムの上に立って「創発的コミュニケーション」を続けること、すなわち「学習」を続けるということになるのではないかと思う。

さらに「受験勉強」ということになると、「スポッと取れる」ということにおいては、このアカデミズムからもかけ離れているのではないかと思う。そしてその傾向は、今さらに強まっているようである。精神科医で受験に関する著書も多い和田秀樹氏は「よしにつけ、悪しきにつけ、受験勉強は通常の勉強とは違うものであると私は考えている」（『能力を高める受験勉強の技術』講談社現代新書）と言う。確かに受験勉強は学校の勉強とは違うのだろう。受験テクニックを磨くことで、入試は乗り切ることができるのだと思う。しかしそこには、

「藤澤伸介氏の『ごまかし勉強（上・下）』（新曜社、２００２年3月刊）は、１９８０年代からの『勉強のしかた』が、あたかも作業をこなすような『手抜き』的なものに変容しつつあることを、学習参考書の変化や、質問紙データから見事に描き出している。藤澤氏は、受験勉強そのものは、学習を自律的にすすめるよい機会になりうることを認めている、しかし、現実には安易なテスト対策的な指導や教材が学校にも塾にも広まり、『ごまかし勉強を生成するシステム』ができあがってしまっているという」（市川伸一

『学力低下論争』ちくま新書）

ような危険性と背中合わせのところがあるのではないか。それだけを求め過ぎるとその結果は、「通信教育事業のため、多くの東大生を雇い、そのための採用面接にも立ち会うが、その手の塾（六年一貫校の生徒向けの専門塾）の出身者には教養を感じさせない子どもが多く、がっくりさせられることは少なくない」（『能力を高める受験勉強の技術』講談社現代新書）

ということになるように思う。そしてこの「勉強のしかた」の傾向は、さらに効率化され強まっているのではないかと思う。

「受験勉強」はやりすぎると、大学に行ってアカデミズムと対峙するのに必要な能力が失われてしまうということになりかねない、ということではないかと思う。

その前に「あまりにごまかし勉強を生育するシステム」に頼りすぎると、入試問題においてすら、適切に対応できないことが多くなってくるのではないだろうかとも思う。

このような事実をみると、文科省が唱える「高大接続」から、現実はますます離れた方向へと進んでいっているのではないかと思える。文科省は「確かな学力」が必要だと言っているにもかかわらず、高校では多くの学校で、公立高校までも含めて、「受験の学力」を効率よくつけさせることに狂奔している。そしてその状況を文科省は放置している。これでは、高校教育と大学での教育が上手く繋がるわけがないと思う。

受験勉強というものを考えるとき、忘れられない生徒がいる。ちょっと二人の生徒について紹介してみたいと思う。

「東京大学へは行かない」ということ

彼はなかなか生真面目な理屈っぽい少年だった。彼の好奇心はおよそ留まるところを知らないようで、あらゆることに対して興味を示しているように見えた。科目の履修においても興味のある科目は可能な限り履修登録をしているようで、卒業に必要な単位数の80は遥かに超えて100単位をもかなり超えて、履修を登録できる限界近くまで登録していたのではないかと思う。僕の授業も取っていたが、最前列の真ん中付近にいつも座り、熱心に話を聞いていた。

分からないこと、納得のいかないことがあると、それはすぐに質問となって返ったきた。大変に理屈っぽい彼は、得心がいくまで、彼なりの「理屈」で議論は延々と続いていった。あまり周囲の状況を顧みることもなく、生半可な答えでは妥協することは決してなかったように思う。その理屈っぽさと生真面目さは日常生活でも十分に発揮され、友達からは半ば疎んじられ、半ば尊敬されていたと思う。新聞などもよく読んでいるらしく、時事問題などについてもいろいろと感想をもらし、いつも何かぶつぶつと言っていた。

部活は山岳部に入り、結構な頻度で山に行っているようだった。時折、正面玄関の前でテントを張って干していたり、また放課後、人気のなくなった教室中にザックの中身を広げて山行の準備をしているところを見かけた。しかし、山登りのためのトレーニングをしている姿は見たことがない。

学校行事、特に文化祭は彼の活躍の場だった。毎年実行委員となり、その年によって、清掃係だったり食品係だったり、役割は違っていたが、夏休み前から準備に関わり、細かい計画を立て、いろいろと指示を出し、係のメンバーを仕切っていた。10月に入って、直前の準備期間ともなると、毎日朝早くに登校してきて、帰りは晩遅くまで学校で活動していた。教員に追い返されてやっと帰るというような生活を、土日も含め何週間も続けていたのではないだろうか。それは受験を控えた3年目の年になっても変わることはなかった。

家でもそれなりに勉強をしているようではあったが、そう長い時間を勉強に費やしている様子もなかった。鉄道マニアでもあった彼は、時刻表を見て、次の山行きの計画を練っている時間の方が長かったのではないかと思う。

大学には進学するつもりでいたようだが、3年生になっても「受験のために勉強するのは、本来の勉強のありようとは違うと思います」とまた彼特有の理屈を言っていた。彼のその言葉どおり「受験勉強」をことさらしている様子はなかった。「人間について学びたい」と言い、「あそこの大学はどうだ」とか、何だかんだと彼特有の基準でいろいろと大学に対する評価を口にしていた。一度、「京都大学の総合人間学部はどうですか」と聞かれたので、「だいたい昔から大学の学部は『文』とか『法』とか『工』とか一文字で、せいぜい『経済』や『教育』の二文字だよ。怪しげな四文字熟語はやめた方がいいのではないか」

といい加減に答えておいた。結局京都大学の総合人間学部を受験することにしたようだ。この受験先を決めるにあたって、「最後は多少の夢と好みと偏差値で、受験する大学を決めたのではないかと思う」と以前に書いたら、「僕は偏差値などで受験先を決めていません」と言われた。そういえば、彼は模試など受けていなかったかもしれない。そこら辺は定かではない。年が明けても、「日本史はまだ全部は終わっていないのです」と言っていた彼が京都大学に合格するのは難しかった。不合格の報告に現れたとき「後期は東大を受けます。でも受かってもいきません」と言っていた。とりあえず「それもよいとは思うけれど、今までそういうことを言っていた奴で、実際に受かって東大に行かなかった人間を知らない。まあそういうことは受かってから言った方がいいと思うね」と一応それらしいことを言っておいた。結果として彼がその年に大学に合格することはなかった。

彼は彼なりにがっかりした様子ではあったが、彼ががっかりするに値するほどの努力を受験に向けてしていたのかどうかは、はなはだ疑問だ。結果を報告に来たとき、「僕も挫折を感じています」と言うから、「努力をした人間だけに、挫折する資格があるのだと思うよ」と、もっともらしいことを答えておいた。

4月になっても別段予備校に行くでもなく、「人生について考えたい」などと言って、ひとりでフラフラと旅などをしていたようだった。夏頃になると、一応、家にいて勉強をしているという話も耳にしたが、実際にどのくらいの時間を受験に向けての準備にさいていたのかは定かではない。年末も近づいた頃、調査書を取りに来がてら、顔を出した。この時期になってもまだ、どこを受けるか決めていないようなことを言っていた。「東大には行きたくない」とか「北海道大学の文学部も候補に考えているんですが、どうでしょうか」とか、また勝手なことを言って帰っていった。「その程度の気持ちなら、リスクの少ない北大を受けるのがいいのじゃないか」と、こちらも適当にアドバイスしておいた。

しかしこの時、矢内原忠雄博士の東京大学五月祭での「大学と社会」と題した、「明治の初年において日本の大学教育に二つの大きな中心があって、一つは東京大学で、一つは札幌農学校でありました。この二つ学校が、日本の教育における国家主義と民主主義という二大思想の源流を作ったものである。大ざっぱに言ってそういうふうに言えると思うのです」に始まる挨拶のことを知っていたら、もっとはっきりと彼には北海道大学をすすめてもよかったのではないかと、今思う。

それきり入試が終わり発表の時期を過ぎても顔も出さないので、こちらも「まあ、どうせ駄目だったのだろう」と勝手に決めて、忘れていた。3月も終わりが近づいた頃、突然現れて、「京都に行くことになりました」と一言だけ、報告して消えていった。行き先は、怪しげな「四文字熟語」だった。

彼とはその後何度か会った。1、2回生の頃は、屋久島にサルの調査に（調査の手伝いに?）、行くなどして結構日本中を歩き回っているようだった。総合人間学部を卒業した後は、農学部の大学院に進んだ。怪しげな四文字熟語はやめたらしい。博士課程まで行って1年くらいは在籍していたのだろうか。結局途中で退学したようなことを言っていた。博士号を取ったからといって、それでどうなるのかということもあるだろう。以前誰だったか、「博士号は足の裏についた米粒だ」と言っていた。「とらないと気色が悪いが、とっても食えん」ということらしい。少なくとも日本では企業での博士の採用率も他国と比べてかなり低いようだし、21世紀になって若手研究者の安定したポストも大幅に減った。まあ日本においては、

「博士号」とはその程度のものなのだろうと思う。彼も20代も半ばを過ぎ、経済的な問題もあったのかもしれない。一度、「予備校あたりで稼げばそれなりの収入になるんじゃないか」と言ったら、「それだけは僕はやらないことに決めているんです」と言っていた。「受験のための勉強は本来の勉強ではない」と言っていた、彼らしい潔いこだわりだと思う。僕などよりよっぽど腹は据わっていると思った。彼のことだから「博士号」という社会的な肩書にあまり価値を感じていなかったのかもしれない。もしまた会う機会があれば、その時には彼は「博士を取りました」と言うかもしれないとも思う。その後、いくつも博物館を渡り歩きながら、非常勤で学芸員などをやっているようだったが、その後どうしただろうか。ガイドになるようなことを言って、資格云々と言っていたこともあった。ガイドをやるためにどのような資格がいるのかよく知らないが、彼のことだからいずれにしろ、しっかりと着実に生きていることだろう。

彼から学んだ大きなことは、「受験勉強は勉強の合間にやるものだ」ということだ。彼は間違いなく、「確かな学力」そして「生きる力」をしっかりと伸ばしていたと思う。

彼のことを考えていて、僕が大学院に行っていたときに実験の世話などいろいろと面倒を見てくれていた職員の女性に言われたことを思い出した。まだ1980年代の後半のことだ。「日本の学問はね、河合塾でもっているんですよ」と言われた。別に河合塾ではなくて駿台でもよかったのだろうけれども、たまたま僕が河合塾で非常勤講師をしていたのでそういう話になった。「えっ」と聞き返すと彼女は「だってそうでしょ。この大学に入るのにみんな河合塾で勉強して入ってくるでしょ。そしてあなた方院生は、河合塾で稼いで勉強しているんじゃないの」と言っていた。

確かに政府は高等教育においてその責任を真面目に果たそうとしているようにはみえない。国際人権規約A規約第13条（高等教育の無償化）を1979年以来ずっと留保し続けてきた。民主党政権が誕生し、その後の2012年にようやく留保は撤回されたが、未だに無償化にはなっていない。学生時代から日本はこれで大丈夫なのかと思うことが何度もあった。特に農業問題、教育問題においてはずっとそう思ってきたような気がする。最近の日本をみていると、やはり大丈夫ではなかったように思う。

東大より早稲田

以前に担任をしたクラスに、私立のまずまず有名な進学校を中退して入学してきた生徒がいた。卒業する年度に入ったばかりの4月だったと思う。「進路の話をしたいんですが」と突然にやってきた。そしておもむろに「早稲田に行きたいと思っているんです」と言った。「それならば、早稲田を受ければいいんじゃないの。しっかり勉強すれば受かるんじゃないか」とでも答えたと思う。すると彼は少し躊躇した様子を見せ、若干間があいた。そして「東大も受けようかと思うんです。でも受かっても東大には行かないと思うんです」と言った。「東京大学か。受かるといいね。頑張って勉強すれば受かるんじゃないか」と別にそう確証があるわけではなかったがそのように答えた。そして「そうか。受かっても東大には行かないのか。それもいいと思うけれども、医学部との併願をしていた人は別にして、今まで『東大に受かってもいかない』と言っていて、実際に受かっていかなかった奴を知らないよ。知っている限り、実際に東大に受かると皆行った。まあだから、それを言うのは、受かってからにした方がいいと思うね」というようなことを付け加えたように思う。彼は「今は、いくらでも勉強できるんです」と言い、東大を受けるべく、もう既に勉強をかなりのスピードで始めているようだった。「前の学校では東大を受けろとよく言われて、その時はあまり受けたいとも思わなかったんです。でも今は、とても受けてみたくなりました」と続けた。

彼が以前通っていた学校は、1980代、90年代に公立高校が進学実績を落としていく中で、変わって進学実績を飛躍的に伸ばしていった。ピークの時には100名を超える東大合格者を出していた。しかし、ピークアウトした後は、これもかなりのスピードで東大合格者を減らしていった。彼が通っていたころにどのくらいの東大合格者を出していたか忘れてしまったが、最近では一桁で、それも数えるには片手で十分に足りるのではないかと思う。

面談したとき、「うちの子はとても勉強ができたんです。もともとまじめな子ですから、前の学校では最初頑張って勉強していました。でも頑張ってよい成績を取ると、学校はもっと勉強しろと言うんです。そこでもっと頑張る。その繰り返しをしているうちに、鉛筆を持つと手が震えるようになりました」というようなことお母さんが言っておられたことを覚えている。結局、彼はその高校を去る道を選ぶこととなった。

当時、私立の「進学校」と思しき高校から送られてくる転編入生の指導要録を見ると、当然そこには家庭科とか情報とかあまり受験には関係しないと思われる科目もしっかりと載っている。しかし、実際に生徒が転編入してきて、直接話を聞いてみると実際にはだいぶ様子は違う。それはなにも彼の通っていた学校にかぎった話ではなかった。「情報と書いてありましたか。実際には数学をやっていました」とか、中には「文化祭の準備をやると家庭科の単位になるんですよ」というものまであった。受験に関係ないと思われる科目も当然、学習指導要領においては履修しなくてはいけないことになっている。したがって、卒業するのに必要なので一応設定はしている。しかし実際には、受験に向けての問題演習をやっている、というようなことはそう珍しいことではなかったと思う。受験に向けて不必要と思われる科目はとことん削ぎ落されているという印象だった。送られてきた指導要録を見て、生徒の話を聞いて、いくら私学だからといってこんなことでいいのかと何度も思ったことを覚えている。ちょうどこの頃のことだったと思う、全国で600校を超えていただろうか。2006年に、多くの高校で必履修科目の履修漏れが露見して大問題となった。

それまで文科省はこの実態を本当に知らなかったのだろうか。疑問だ。

うちの学校にやってきてからの彼は、卒業に影響が出ない程度には真面目に学校生活を送っていたと思う。校外の仲間とだろうか、バンドを組んで音楽活動も結構頑張ってやっているようだった。授業もまずまず出席はしているようだったが、サボっていることもそれなりにあったのではないかと思う。彼にとって十分に楽しい充実した高校生活であったことには違いないと思う。

彼と大学受験について話した内容が、進路相談と呼べるようなものであったかどうかは怪しいが、早稲田だ、東大だといろいろと一通り話した後、気になることがあったので一言言った。

「いくらでも頑張れると言ったけれども、今あまり頑張りすぎない方がいいと思う。人間調子がいいときにはいくらでも突っ込める。ハードワークができる。でも普通の人は疲れてくる。1カ月、2カ月、場合によっては3カ月くらいはもつと思う。でもだいたい普通はその辺で疲れてくる。その時どうするかが大事だと思うよ。うまく休みながら、どう続けていくかが大きな課題だね。場合によっては、少しは完全休業した方がいいということもあると思うよ」というようなことを言ってみた。すると彼は「大丈夫ですよ」と言って帰っていった。

以前「「東大を受ける」と言っていた受験生に、同じようなことを言ったことがある。「勝負は、疲れてきて、調子が出なくなってきた時だ。その時どうするかで決まるように思う。感覚でいうと、押していくという感覚かな。重い荷物を押していく。とにかく1日にやる量を決めてこなしていくことだと思う。面白いものでそうやって耐えているうちに、また調子が出てくる。でも、それでも駄目だと思ったら、2、3日完全に休むことだな」とアドバイスしたことがある。合格してから「押していくという感覚が分かりました」と言っていたから、あながち的を外したアドバイスではなかったかもしれない。

それからは彼とそのことについて話すこともなかった。まあ頑張ったのだと思う。

9月になっていたと思う。彼に会って「進路はどうすることにした?」と聞いてみた。「東大を受けるのはやめました。早稲田に絞ることにします」という答えが返ってきた。やはり頑張りすぎたのだと思う。おそらく科目数をこなしきれなかったのだろう。焦りもあったかもしれない。

翌春、彼は早稲田大学に進学した。

東京大学に子どもを入れたがる「偉い大人」がいる。そして東京大学に行くことには魅力を感じないけれども、東大に受かることに何がしかの価値を感じている生徒がいる。「受かった上で蹴りたい」と言う。東京大学とは、いろいろな意味でとても魅惑をもったところのようだ。そして現在「スタンダードな指標」としての東京大学には絶対的な価値があるようにみえる。

あるいは今の東京大学には、多くの人にとっては「スタンダードな指標」としてしか価値がないということなのかもしれない。

そうであるとしたならば、残念なことだと思う。

第四章「確かな学力」を求めてやるべきことは

教育は誰のためにあるのか

1987年4月、上矢部高校に新採用教員として赴任した。団塊の世代のジュニアが高校進学の年齢となり生徒が急増することに向けて、神奈川県では1973年から「高校百校新設計画」が推進されてきた。生徒数は1988年をピークに減少に向かうとされており、計画は終盤に入っていた。そのような状況の中で1983年に新設された上矢部高校は新設5年目に入ったところだったと思う。

時代は非行や校内暴力が社会問題となっており、テレビでは「ある学園の荒廃に闘いを挑んだひとりの教師の記録」とされた「スクール・ウォーズ」(84〜85年)が視聴率を上げていた。そのような状況の中で学区内の公立高校は学力で綺麗に輪切りにされ、新設された高校は、そのほとんどが輪切りの一番下へと入っていく。上矢部高校が属していた学区には、10校くらいあっただろうか。そこに最後にできた学校だった。近隣の中学校を情報交換やら、お願いやらで訪問すると「最後の砦ですので、よろしくお願いします」と、先方からよく言われた。そんな学校だった。

その学校に赴任することになったわけだが、学校に行く前にまず驚いたことがある。赴任する前に新採用教員は、全員集められて辞令交付式があった。生徒急増期もピークに差し掛かっており、この年は10

00人ぐらいの新採用の教員がいたと思う。辞令交付式では、学校ごとに一人ひとりの教員の氏名が呼び上げられていく。式ではただただ退屈な時間だけが流れていた。やがて「上矢部高校」と校名が呼ばれ、続けて赴任する教員の名前が呼び上げられ始めた。次から次へ続けて氏名が呼ばれていく。それがなかなか終わらない。一体上矢部高校には何人職員がいるのだろうか。学年12学級のマンモス校ではあるが、せいぜい50人、いても60人というところではないか。教育委員会はそこに一体何人の新採用を送り込もうというのだろうか。そんなことをボーッと考えているうちにやっと終わり、呼び名は次の学校へと移っていった。それまでに呼ばれた氏名は17人だったように記憶している。

中にはそれなりに年齢を重ねた新採用もいたが、ほとんどは22、23歳くらいの大学を出たばかりの若者だった。単年度だけで教員定数の4分の1を超える新採用を送り込んで、安定した教育活動ができると教育委員会は考えているのだろうか。当然そのような状況はその年だけではなく、毎年同じように大量の新採用を送り込んでいた。「教員の対応力」などには教育委員会は興味がなかったということがよく分かると思う。数は揃えないといけないから数だけは揃える。あとは現場で適当に対応しておけということなのだろう。

実際、上矢部高校についてみると新採用とは別に10名を超える転勤者がいた。学校全体の職員を見ると40歳を超える教員は、管理職を除けば片手で足りた。

上矢部高校は、当初プレハブの仮校舎で学年4クラスでスタートしたが、新築された本校舎に移り、1

クラス47名、学年12クラスという過大校へと膨張していった。87年はその3学年12クラス規模の過大校が完成する直前であったと思う。この生徒数が増加していくのに合わせるように多くの課題が噴出していった。生徒数が増えるのだから当然のことではあるが、特別指導を受ける生徒数、原級留置となる生徒数ともに増加していった。89年度は1年間に特別指導を受けた生徒は２８４名を数えた。

88年に神奈川県の公立中学校の卒業者は12万2千人のピークを迎える。上矢部高校も90年度より学級減へと転じ、94年度には全学年8クラスとなった。この学級減、生徒数減に呼応するように特別指導を受ける生徒数、原級留置となる生徒数はともに激減していく。生徒数が減るのだから、特別指導や原級留置となる生徒の実数が減っていくのは当然のことではあるが、その減っていく勢いは、生徒数の減で説明できるようなものではなかった。94年度に特別指導を受けた生徒は、64人だった。実にピーク時の4分の1を下回る数字だ。定員は、減ったといっても3分の2にしかなっていない。過大校であったことが、多くの課題を生み出していたことは否定できないであろう。

先にも述べたように、神奈川県の「高校百校新設計画」で新設された高校の多くは、学力で輪切りにされた各学区の底辺へと位置付けられていった。そしてそこに多くの新採用教員を教育委員会は送り込んでいた。輪切りの上層にある学校に対してはそのようなことはしない。そういう学校では毎年、新採用教員はほとんどいない。いても数名という状態だったと思う。これではどう見ても「輪切りの底辺に位置する学校では、教員はとりあえず、数合わせをすればよい」と考えているとしか思えない。文部科学省大臣官房審議官であった寺脇研氏は著書『これからの日本、これからの教育』（ちくま新書）の中で、元文部事務次官の木田宏さんの言葉を紹介して、「『寺脇くん、学校っていうのは、勉強のできない人間のためにあるんだよね。だから本当は、勉強のできない子から入学させなきゃいけない。ただ、われわれの時代は学校の数が足りなくて、申し訳ないけれども、勉強のできる子から入れることになってしまった。けれど、こんにちのように、学校不足が解消されて、ほとんどの子が高校にも行けるようになったら、できない子から入学させるのが筋じゃないかね』とおっしゃったんですよ。おそらく木田さんは、若い頃に、できることなら全員、高校に行かせてあげたい、大学に行かせてあげたいと思っていたんでしょう。けれど、当時はまだ貧しい時代で、家庭の事情で、中学に行くのも難しいケースが少なくなかったから、随分悔しい思いもしたと思う。木田さんは、力のない人間に力をつけることこそ教育だという意識を、はっきりと持っていたと思うのですよ」と述べている。大事な視点だと思う。文部省の高級官僚の言葉だ。県の偉いお役人はこういう言葉に学ぶことをしないのだろうか。とてもこの視点があったとは思えない。「勉強のできない子」は彼らには思いの及ばない、全く興味のないことなんだとしたら実に残念なことだと思う。

生徒の多くは真面目で、しっかりとした高校生活を送るために入学してきていたと思う。しかし当然のこととして、それぞれの生徒がいろいろと事情をもって入学してきている。課題を抱えた生徒もそれなりにいる。その割合がほんの数パーセントであったとしても、学年500人を超える生徒がいれば、すぐに10人、20人となる。時代は「スクール・ウォーズ」である。かなり深刻な問題を含み、暴力沙汰の出来事もかなりの頻度で起こっていた。

そのような中で、1985年に創部された陶芸部があった。顧問が実に熱心に指導し、それに応えるかのように生徒たちも実に熱心に活動していた。ほとんどの生徒が高校に入って初めて土に触れたのではないだろうか。その生徒が、2年もしないうちに、実に見事な作品を作り出す。校内にはいたるところに、1メートル近い作品、場合によってはそれを超えるような生徒の作品が展示されていた。時代は「スクール・ウォーズ」であったが、そのような生徒の作品が壊されることは、一度もなかったと思う。

創部2、3年を過ぎたころから神奈川県高等学校総合文化祭高等学校美術展において教育長賞、奨励賞などを何度も受賞していた。また、地域にねざす学校をめざして、生徒が先生となって地域の人を指導する「陶芸講座」なども実施していた。

土と向き合い、土をこね、形を造り上げる。釉薬をかけ、窯に入れて時間をかけて焼き上げる。作品を生み出していくまでの、一つひとつの地道な作業に粘り強く取り組んでいく生徒の集中力は素晴らしいものがあったと思う。

「最初に、あなたがモノと向き合っている場合を考えよう。あなたがモノに働きかけると、そのときモノはあなたに反応を返す。たとえば、ハンマーでモノを叩くと、ガキンという鋭い音がする、という具合に。

こうやって何度もハンマーで叩いていれば、その反応の具合から、あなたはモノの様子やその変化を知ることができる。そのとき、あなたはモノのなかに『潜入』していき、そのモノに『住み込んで』いく。ハンマーを振るうあなたとモノとを含み込んだ、一つのフィードバック回路が形成され、その回路の作動そのものが、あなたが『モノを理解する』という創発を生み出す。

その回路は、固定した同じ運動を繰り返す回路ではない。なぜならあなたはモノとの『対話』のなかで、自分自身のモノへの認識を深め、作り変えていくからである。それにともなってモノも、受動的ではあるが、モノ自身の性質に従って変化していく。たとえばこのモノとの対話が、工芸品の製造工程であれば、この運動の発展の結果、『魂のこもった』美しい製品が出現する。『魂がこもっている』というのは手続的計算によって表面をとりつくろったのではなく、創発的計算によって計算量爆発を乗り越えた深い計算量によって処理された、という意味である。この回路の作動はまぎれもない創発の過程である」(『生きるための経済学』NHKブックス)

と安冨歩氏は言う。まさに生徒はこの陶芸に取り組むことで創発をしていたということになる。

そしてそれを通して会得した技術と知識をもって、先生となって地域の人に教えるということは、そこに「創発的コミュニケーション」が成り立っているということになる。彼らが陶芸をやることがなかったとしたならば、彼らは先生として人に教えるということはなかったのではないか。間違いなく彼らはこの一連の過程を通して成長していた。「確かな学力」をしっかりと伸ばしていったのだと思う。

「創発を生かす道の探求は、人間が生きるということの本質と、密接に結びついている問いである」と安冨氏は言う。その通りなのだろう。

教育委員会は何のためにあるのだろう

そのころ神奈川県では県の施策として「特色ある学校づくり」の一環として、多くの高校にコースを設置していた。そんな中、1992年、上矢部高校に「陶芸コース」を設立するというような話が出て来た。多くの高校が大した実践や実績もない中で、体育コースだ外国語コースだと設置していく。それに比べれば、上矢部高校は陶芸部を中心とした活動実績、教育の実践があった。授業でも「個性化講座」として陶芸の講座を開講していた。実績としては十分であったと思う。

しかし、何で今「陶芸」をコースにする必要があるのか。素朴な疑問が残る。上矢部高校はごくごく普通の普通科の高校として設立され、「当たり前の教育活動を当たり前に」やってきた。その活動の中の一つとしての「陶芸」であるはずだ。何もいまさら改めて「陶芸」だけ切り出してコースにする必要があるのか。「陶芸コース」にすることが必要だというのであれば、それは上矢部高校の教育活動の延長線上にあるはずで、「コース」のために上矢部高校があるのではない。普通科の中に1クラスだけ陶芸コースを設けるということであるから、学校の中にもう一つの学校ができるような状態になることはあってはならない。そのようなことが現場の共通した意見だったと思う。いろいろと問題点は出てくる。

2年ほど議論と検討を重ねただろうか。95年、2つの条件を確認して、「美術陶芸コース」として開設された。一つは美術陶芸コース単独でのホームルームクラスはつくらないということ。もう一つはカリキュラムの「乗り降り自由」。これは美術陶芸コースで入学したからといって、生徒の選択科目を縛ることをしない。本人の希望によって自由に選択科目を選ぶことができる。また、一般コースの生徒も希望すれば美術陶芸コースと同じ科目を履修できるように教育課程を整備した。

しかしこの2点について、県はかなり難色を示した。どうも彼らの理解を超えた内容であったようだ。特に「乗り降り自由」については、「入り口が違うのだから中が一緒になってはまずい。県民から苦情が出る」というようなことを言っていたようだ。生徒が学びたいものを学ぶのに、何で県民から苦情が出るのだろうか。あるかないかですら定かではない「県民の苦情」を気にして、生徒の学びが制約を受ける。こちらの方が理解に苦しむ。

ある時職員会議での議論の中で、校長から「『乗り降り自由』はできない。県が駄目だと言っているのでできない」というような発言が出てきた。今校長が言ったことは本当にそうなのだろうか。疑問が残った。そこで「校長先生、本当に県は駄目だと言ったのですか。申し訳ないですが、逐語的にできるだけ正確に県の役人が言ったことを再現してもらえませんか」と言ってみた。すると一呼吸おいて、少し考えるそぶりを見せながら校長はゆっくりと「『それは難しい』と言われた」と言った。時間がゆっくりと流れるように感じた。「『乗り降り自由』は『駄目』なのではなく、難しいんですね」。「偉い役人」の言いそうなことだ。それ以来、職員会議で「乗り降り自由」が議論されることはなかった。当然のこととして、「乗り降り自由」はそのまま採用されて「美術陶芸コース」は開かれた。

それから2年以上が過ぎただろうか、97年に僕は神奈川総合高校に転勤になった。神奈川総合高校は、神奈川県で初めての全日制単位制普通科の高校として95年に開校した。教育委員会は、準備室を設け準備を重ね、予算も何十億か、いや途中でバブルが弾けて減額されたようだったが、100億を超えていたのかもしれない。神奈川県としては珍しく多額の予算をつぎ込んだ、肝いりの高校だった。3月に転勤のための校長面接に行った。校長からいろいろとたわいもない話を聞いているとそのうち、神奈川総合の二つのコース、個性化と国際文化の話になった。「うちはね、他の学校と違って個性化コースの生徒も国際文化コースの生徒も入試で入り口は違うんだけれど、入学すれば自由に同じ科目を選択できるんだよ」と言った。いかにもそれが新しいシステムで、自慢であるらしかった。僕は「そうですか。やはり生徒が自由に学びたい科目を取れることが大切ですよね」と適当に答えておいたが、教育委員会のやりそうなことだとも思った。

神奈川総合が開校したのが95年、同じ95年に上矢部高校の美術陶芸コースも開設した。ちょうど「乗り降り自由」を巡って上矢部の職員会議で盛んに議論がなされ、県との間でもめていたころ、神奈川総合の開校に向けて、県の開校準備室でもいろいろと準備を進めていた時期だったはずだ。生徒のことを考えれば、「乗り降り自由」は当たり前のシステムだと私たちは考えたのだが、当時それが神奈川総合の校長が自慢するような画期的なシステムであったとするならば、県の「偉いお役人」のすることは実に分かりやすい。このアイデアを誰の手柄にしたかったのだろうか。追記しておくと、神奈川総合も当時は個性化、国際文化両方の生徒を区別することなくホームルームクラスを編成していた。これも真似したわけでもないのだろうが、上矢部と同じだった。僕はそれから神奈川総合高校に10年いたが、僕が出てしばらくして、神奈川総合では個性化、国際文化それぞれ単独でホームルームクラスを編成しだしたようだ。なんのためにそうしたのだろうか、理解できない。上矢部高校がその後どうしたかは知らない。

学校の中で生徒を区別したがる人々が、現場にも教育委員会にも数多くいるようだ。なぜなのだろうか。その方が管理しやすいということなのだろうか。管理しやすいとも思わないが、例え管理しやすかったとしても、「管理しやすいこと」が、必ずしも子どもにとってよいことにはならないと思う。

教育委員会と「立場主義」

美術陶芸コースは、開設するまでもいろいろと大変だったが、開設してからも大変だった。当初、実情を踏まえて現場が立てた計画にしたがってことを進めれば、大変なことは何もなかったと思う。実に順調に滑り出した。ところが何と、県教育委員会は、その当初認めた計画の実施において、約束を守らなかった。県教育委員会も「美術陶芸コース」の運営において必要だと考えたから最初に認めた計画だと思うのだが。

美術陶芸コースを作れば美術関係の科目の履修者が増える。授業時間数も増える。誰が考えても当たり前のことだ。生徒にカリキュラムを保証していくためには、もともと2名しかいなかった美術の専任教員を増員し確保していくことが必要となる。「美術陶芸コース」を県に申請したときに、2年目で3名、3年目で4名の美術専任の教員が必要となることを申請してあった。県もそれを承知の上で、申請を認めたものと思っていた。ところが、コース開設2年目となる96年度に、美術の専任教員の増員の要求を県に出したところ、県は難色を示した。彼らは「前例がない」と言う。当たり前だ、今まで「美術陶芸コース」など存在していないのだから前例があるわけがない。分かっていても、そのことが駄目だとは申請の段階では言わない。彼らの価値観、彼らの言うことは意味の分からないこと、意味のないことが多すぎる。そのたびに現場は無駄に消耗する。「前例がないから配置できない」という彼らの視野に、実際に学んでいる生徒のことは入っていないのだろうか。「美術陶芸コースの申請書」には2年目に美術専任教員が3名必要になることは、しっかりと書いてあり、そのことも含めて県は申請を認めたはずだと思うのだが、どうも彼らの理屈では違うらしい。この3人目の美術教員の要求は上矢部高校の教員定数内での要求であったにもかかわらず、結局やってきたのは社会科の教員だった。上矢部高校から美術の教員が1人大船高校に転勤し、新しく1人の美術教員が転勤してきた。しかしことはこれだけでは終わらなかった。

いざ4月になってみると、うちから転勤していった美術教員の代わりに出ていくはずだった、もともと大船高校にいた美術の教員は、最終的に転勤先が決まらず、大船高校に戻ってきていた。おそらく県の組んだ転勤者の異動のチェーンが、どこかで不調だったのだろう。大船高校では美術の教員が過員になっていた。上矢部から転勤していった職員に、たまたま会った機会に彼の近況を聞くと、1週間の授業の持ち時間が7時間だと言っていたと思う。普通は教員一人の授業の持ち時間は週15、16時間はある。1人で十分に担当できる授業時間数のところに2人いるのだから当然一人当たりの持ち時間は半分になる。上矢部高校があれほど欲しかった、切に必要としていた3人目の美術の専任教員。教育委員会は十分に対応できるにもかかわらず授業の質を保証しようとしない。結局一番の被害者は生徒ということになる。このことについて県に説明を求めても、彼らが詳細を語ることはなかった。税金の無駄遣いでもあるわけだから説明する義務があると思うのだが、教育委員会が説明責任をはたすことはなかった。結局県の「偉いお役人」は誰も責任を取らない。

県が「難しい」と言った「乗り降り自由」のシステムを、現場が忖度することなく入れたので、実際にそれがスムーズにはできないように、難しい状況を作り出したということなのだろうか。そうだとしたならば、実に陰湿な嫌がらせだ。教育行政に関わるものとして、情けない限りだと思う。

当時の教育基本法第10条（教育行政）の2項、

「教育行政は、この自覚のもとに、教育の目的を遂行するに必要な諸条件の整備確立を目標として行わなければならない」

に完全に違反しているのではないかと思う。

要するに「他人の立場を脅かしてはならない」ということなのだろうか。

「都合の良いことだけを切り取る」ということ、不都合な真実

この後何カ月かが経った。そろそろ夏になろうかというころだった思う。教育委員会から美術陶芸コースについての報告書を書いてほしいと校長のところに依頼が来たようだった。これからのコース開設を検討している学校の参考にするためと、あとはなんだか文部省にも提出するような話だったと思う。僕のと

ころに報告書を作成する役目が回ってきた。約束を守らない、説明もしない、何でそんな相手の依頼をまともに受けなくてはいけないのか。だいたいそんな無駄な仕事、明らかなブルシット・ジョブだと思う。やりたくなかった。断ろうかとも思ったけれども、どうせ誰かがやらなくてはいけないことになるのだろうからと思い、仕方がないので引き受けることにした。

引き受けた以上、事実を事実として捉え、問題点はきっちりと分析して、コース開設を検討している高校の参考に資する資料にして問題はないはずだ。実際、そうでなければ意味がない。

書いた内容の詳細は忘れたが、「美術陶芸コースは大変順調に滑りだした。制度設計としては概ね成功した」とでもまとめたろうか。ありのままに書いておいたと思う。ただ最後に「県教委が申請書に書いた内容を、実行できるにもかかわらず実行しようとせず、3人目の美術の教員を現場の要求通りに配置しなかった。なぜか代わりに社会科の教員をよこした。このことは美術陶芸コースの将来に大きな禍根を残した」という内容を付して書いておいた。事実を事実通りに書いておいたと思う。職員会議では何の問題もなく承認された。現場で実際に対応してきた人間の思いだったのだと思う。そして後から考えれば校長も頑張ったのだろうと思う。そのまま県に提出したようだった。

そのうちにどうも県から校長のところにいろいろと言ってきている、というような雰囲気がなんとなく伝わってきた。校長としては書き直させたかったのかもしれない。しかし、「書き直せ」と言われることもなかった。職員会議を通し、学校の報告書として提出したものを勝手に書き直していいわけがない。放っておいた。するとそのうち、校長も県とのやりとりが面倒くさくなったのだと思う。県の担当者からの電話が、直接僕のところに回ってきた。いつもこちらから電話すると、「校長を通して言いなさい」と言ってくる「お偉い」県のお役人が平教員と直接話していいのかとも思ったが仕方がないので出た。会話の内容の詳細は覚えていないが、とにかく書き直してほしいということだけはよく伝わってきた。「書く人間の表現の自由というものもありますよね」とか適当に応対していると、そのうち「場合によっては文部省に持って行けないということもあると思ってください」というようなことを言っていた。脅したつもりだったのだろうか。そんなことは僕の知ったことではない。別に持って行ってほしいとも思わなかったが、これ以上あまりことを揉めさせてもよいこともなさそうだった。「そうですか」と答えて、書き直すとも書き直さないとも言わずに電話を切ったように思う。

それから数日した頃だったと思う。校長に呼ばれた。「教頭を付けるから、教育委員会に行って、説明してきてほしい」と言う。それは校長の仕事ではないのか、とも思ったが行くことにした。教育庁くらい一人で行けると思うが、そうすることには校長も不安を覚えたのだろうか。翌日だったか、多少は気を使って、くそ暑い中ネクタイくらいしていった方がいいのだろうか。教頭と2人しておとなしくネクタイをして、上着まで着込んで教頭の車に同乗して教育庁へと向かった。

向こうに着くと、随分と待たされる。人を呼んでおいてなんだと思うが、教頭と2人しておとなしく待っていた。そのうち2人ほどこちらに向かってやってきた。一人はこの間電話で話した相手だったと思う。座るや否や、もう一人の、偉そうな方が、いきなり「都合のいい事実だけを切り取って……」と言い出した。高圧的な態度だった。だいたい約束を守らない、説明もしない、その上で「都合のいい事実だけを切り取った」？　自分が何を言っているのか理解して言っているのだろうかと思った。県の無責任な対応によって、現場が困ったことをそのまま極めて正確に書いただけだ。「都合のいい事実だけを切り取る」、なかなか都合のいい表現だと思う。どこがどう都合がいい事実なのか説明して頂きたいところだ。その前に、初対面なんだからまず名乗るのが普通だろうと思い、口を開こうとした瞬間、それを遮るように教頭が「そういうことを言われると、先生も受け入れにくいでしょう」と笑みを浮かべながら穏やかに相手に向けて話し始めた。そう、これがこの日の教頭の重要な役目だったのだろう。一瞬、「先生」というのはいったい誰のことなんだと思ったが、話の流れからするとどうも僕のことらしい。しかし自分の部下のことを「先生」と言うのもおかしなものではないか。それが妙に気になった。教頭も委員会の「偉いお役人」に気を使った上に、こちらにまで気を使い、大変だったと思う。でもまあ教頭のおかげでそう揉めることもなく、手直しをするという方向で話は収まった。僕としては教頭の顔をかなり、否、最大限に立てたつもりだ。言いたいことはほとんど言わなかったように思う。というか、ほとんど口をきかなかった。教頭も僕には口をきいてほしくなかっただろう。でも、全体の流れからすると、このあたりが収め時だったのかもしれない。

学校に戻り、報告書はかなりマイルドに手直しをしたと自分としては思う。再度職員会議を通して、校長が県に提出した。それから数日が経った頃、教頭が「『職員会議を通すのが大変だった』かと向こうから言ってきたよ。とても大変だったと答えておいた」と笑いながら言ってきた。手直しをした報告書はOKだったらしい。

校長は「あの文章の役割はもう終わった。だから書き直していいんだよ」と繰り返し言っていた。「県が来年は3人目の美術の専任を配置することを約束してくれた」らしい。教育委員会の約束がどこまで信じられるものなのか疑問もあったが、校長もだいぶ頑張ったのだろう。県も「嫌がらせをした」ということであるのならば、これ以上揉めさせることは向こうとしても得策ではなかったかもしれない。いずれにしろ、おそらくこの辺がいい潮時だったのではないかと思う。翌年、3人目の美術の専任教員が配置された。

「忖度した」その先にあるものは

神奈川県では1990年代前半、「特色ある学校づくり」の一環として、コースが数多く開設された。その多くは極力県が責任を取らなくていいように、学校現場からの希望という形をとりつつ、県はそれに対してアドバイスをするということで、実質的には県主導で開設していったように思う。県が望まないことに、好ましくないと思うことに関しては、「駄目だ」と言わず「難しい」と言うようにして。そしてその多くのコースが、設立ラッシュから20年ほど経った2017年に、今度は廃止されていった。予算の面、生徒の募集の面、コースのあり方等、いろいろと問題はあったのだと思う。結果として県が主導して作ったコースは、もともとほとんど実績がないところだった。結局それでは駄目だったということではないかと思う。しかし上矢部高校の美術陶芸コースはその時期を経て、「美術科」となって残った。専門学科になったということだ。このことがどのような意味をもつのかはよく分からないが、少なくともその実体はまだある。東京芸大への進学者も出たらしいし、県としても潰しにくかったのだろうと思う。そして何よりも、開設にあたって確認した理念「多様な個性の伸長の実現を、従来の個性化講座の延長としてのコース制度によってはかる」「地域に根ざす学校づくりである」が存続できている理由としては大きかったのではないかと思う。「乗り降り自由」のカリキュラムがその後どうなったかは知らないが、少なくとも開設当時においては極めて大きな役割を果たしたのではないかと思う。そして何よりもそれまでの陶芸部の実績、個性化講座として一般の生徒が履修して陶芸を学んできた実績、それの充実をめざし拡張したものであったこと、そして地域に支えられたということ。それらが、それぞれにいろいろと変化はあったことと思うが今まで続いてきた大きな要因だと思う。現場でやっていて良いと思ったこと、必要だと思ったことは、教育委員会の「指導」によって安易に変えてはいけない。このことは大きな教訓となった。県の唱える題目に、魂を入れるのは現場だと思う。題目だけではやがて消えていく。

教育委員会と交渉するときは常に退路を残しておく必要がある。県が約束を守らなかった時にはいつでも引き返せるように。彼らは上手くいかなければ、失敗した場合は、現場の責任にして切り捨てる。自らを保身する能力には極めて長けていると思う。

安冨歩氏は、『生きるための経済学』（ＮＨＫブックス）の中で、経営学の創始者ピーター・ドラッカーに触れ、

「組織においてもっとも大切な部分は、外部との接点である現場である。その現場に携わる人々に

フィードバックを返すのがマネジメント（中間管理者）の役割である。そのフィードバックは、現場の人々が自分の状態を正しく把握するために行われるものであり、監視して督励するためのものではない。必要なことは、評価することではない。評価は人をハラスメントにかけ、創発性を失わせる。フィードバックすることと、評価することの違いを認識することが、大切である」

と述べている。

その通りだと思う。しかし、教育行政にこの姿勢を感じたことは一度もない。残念なことだと思う。

多様であるということ

10年ほど勤めた全日制の単位制普通科の高校は、極めて多様な生徒がおり、なかなか面白い学校だった。制服はなく、たいした校則もなく、必履修科目も文科省の決めた最低限にほぼ近く、卒業に必要な修得単位数も学習指導要領の最低限でよかった。学力的には、一般の入試で入学してくる生徒たちは神奈川県の公立高校としては輪切りにされた上位層だった。当時はそれに加えて、どこかの高校を中退した生徒が単位をもって入学してくる「中退枠」、さらに在県外国人の枠と帰国子女の枠があった。全体的にみると学力的にはかなり幅があり、いろいろな面で多様な生徒がいたと思う。育ってきた文化的背景も多様で、時には「ベトナム語で喧嘩しているので、何を言っているのか全然わからない」というようなこともよく起こっていたように思う。

管理監督をすることの好きな教育委員会が、よくあのような自由な学校を作ったと感心する。当時は「ゆとり教育」のただ中で、寺脇氏や前川氏が言うところのその理念「個人の尊厳」「個性の尊重」「自由・自律」の個性重視の原則が、それだけ重みを持っていたということなのだろうと思う。それを形として体現することが、県のお役人としては出世につながったということなのだろうか。それはあまりにも穿って見過ぎているか。

そのように極めて多様な生徒がいるので、当然いろいろと問題を抱えた生徒も中にはいる。そんな問題を抱えた生徒の一人にA君がいた。A君は公立高校を中退して入学してきていた。前に在籍していた高校では、いろいろと、かなりの問題を起こしていたようだった。彼自身は「はめられた」と言っていたが、真相はどうだったのだろうか。

そんな彼は入学してきてからもよく問題を起こした。まず入学してきてまだ間もないうちに、英語の時間にALTに暴言を吐いた。仲間と一緒になって女性のALT（外国語指導助手）をからかったつもりだったのかもしれないが、入学早々に特別指導。夏休みの前には、身体表現や音楽など、舞台を使って生徒の研究発表会が多目的ホールであった。彼は何を考えていたのか、酒をかなり飲んだ状態で登校してきた。ステージで発表しているにも関わらず、客席で騒いで外に連れ出された。当然だ。生徒部の職員が事情を聴取しだしたが、なかなか素直には言わないようだった。別段、今更そう隠しておくこともないだろうにと思うのだが、本人としてはなかなかそうもいかないらしい。ちょっと覗いてみると、事情を聞くのにだいぶてこずっているようだった。そこでちょっと代わって話を聞き始めた。やはりなかなか話は進まない。核心のところになると、話を誤魔化す。その対応の仕方からすると、これまで十分に場数は踏んできている様子だった。だんだんとこちらもイライラしてくる。頭にきて、「いい加減にしろ」と言いながら、目の前の机を力いっぱい叩いてみた。すると「先生がそういうことをやっていいんですか」という言葉が返ってきた。「いいわけないだろ」。なかなかにしたたかである。

結局、当然のこととして特別指導となった。特別指導に対しては、問題行動が多発する高校では、一般的に指導方法がシステムとしてでき上がっている。以前いた「課題集中校」では、特別指導は指導部が主体となって、きわめて緻密に計画的に行われていた。それに比べると一般的に輪切りの上の方の学校では、特別指導の件数が少ないということが大きな要因だと思うが、そこいら辺の仕組みはかなり荒い。指導措置だけ決め、後はかなりの部分が担任に丸投げされるようなところも多い。今回は担任であるからしようがないが、結局僕が中心にA君と付き合うこととなった。「みんなに迷惑を掛けたんだ。どうする。失った信頼を取り戻すためには、勤労によって皆に貢献しなくてはいけないのではないか」などと適当なことを言って、彼と相談したうえで、トイレとロッカースペースの掃除をできるだけ毎日することにした。しかたがないので、こちらもできる限り一緒にやることとなった。A君は一応は反省したのだと思う。掃除はまじめにやっていた。正確にどのくらいの期間やることにしたかは忘れてしまったが、2、3週間はやっていたのではないかと思う。

実際に始めてみると2、3週間は結構長い。時期は夏休みに入っており、こちらにも予定というものがある。途中で「明日、明後日僕は来られないから、一人でやってくれないか。掃除くらい一人でできるよな。終わったらとりあえず連絡入れてくれないか」と言うと、A君は了承した。そこで僕は家族とキャンプに出掛けることにした。「家庭サービス」をたまにはしないといけない。

翌日は長野県のキャンプ場にいた。テント場のすぐ近くに池があった。覗いてみると、放流しているのだろうか、澄んだ水の中を結構大きなイワナがたくさん泳いでいる。早速、事務所で道具を借りてきて、子どもと一緒に釣りを始めてみた。相手は「渓流の王様」といわれるイワナだ。期待もしていなかったのだが、何と3匹も釣れた。大漁である。子どもは大喜びだった。子どもと釣ったイワナを焼いて、炊飯をしていると、携帯電話が鳴った。手が離せなかったので、傍にいた妻に「ちょっと出てくれないか」というと「Aさんだって。先生いないですかって」と返事が返ってきた。掃除が終わったという報告だった。しっかりと掃除はやったらしい。少なくとも彼はそう言っていた。A君が「先生、電話に女の人が出たからびっくりした」と言うので、「妻だから、心配するな」と答えておいた。

それからもA君は何度か問題行動をした。しかし、彼なりに頑張っていたのだと思う。入学から2年近くが過ぎ、前籍校での修得単位をもって入学してきた彼は、それでも何とか卒業できそうなところまでやってきた。自由登校に入る10日くらい前だっただろうか。彼と会ったときに、なぜそんなことを言ったのか、言う気になったのか、自分でもよく分からない。なんとなく、「お前分かっているだろうな。自重しろよ。くれぐれも自重しろよ」と言ったのを覚えている。彼は「分かっていますよ」と軽く受け流したと思う。これがよかったのかどうか。

それから3日ほどたったと思う。「喫煙をしてAが捕まった」と連絡が入った。昼休みに学校近くのラーメン屋で昼食を食べて、店を出たところで一服したらしい。たまたま通りかかった職員に見つかったようだ。

「学校をやめること」と「やめさせること」

それからが大事となった。普通喫煙であれば、数日の謹慎ですむ。しかし彼の場合、それまでいろいろと問題行動を起こしてきている。少なくともそれでは済まないだろう、卒業延期くらいにはなるかな、と思った。まあ、状況から見てその程度まではしょうがないかと、覚悟した。ところがなぜか話は「退学」ということになっていた。校長が言い出したのか、指導部が言い出したのか、両方で意見が一致したのか。いずれにしろ、彼を、彼の行為を厳しく罰することで、学校の規律を守りたいということなのだろう。しかし、いくら何でもタバコを吸ったからといって「退学」はないだろうと思う。またトイレ掃除でもなんでもやらせて、多少卒業を遅らせるくらいのことはあってもいいようには思うが、彼の将来を考えても「退学」は重過ぎると思った。だいたい「退学勧告」なのか「懲戒退学」なのか、その点もはっきりとはしない。まず、この状況で「懲戒退学」は校長は出さない、出せないだろうと思った。校長自身がその辺の腹を括ることもなく、生徒の人生が大きく変わるような処分をだす。明らかに間違っていると思った。僕にも担任としての「立場」がある。ここでそう簡単に引いていいわけがなかった。校長は「彼が今ここで卒業したとしても、ろくな大学へ行けないだろう。だったらここは退学して、大検を受けて来年それなりの大学へ進学した方がいいだろう」などと言っていた。いずれにしろ「退学」して以降のことは彼が決めることで、校長が決めることではない。だいたい彼が学校をやめた後、学校として彼の面倒を見るつもりがあるのか。そのことについて校長は一切触れることをしなかった。それがないのであれば、詭弁でしかない。

「生徒個人の人権を守るか。学校を守るか」。このような議論は、それまでも、いろいろな現場で、何度となく繰り返されてきた。校長の「立場」で、学校が国家にとって有用な人材を育成する機関としてある、という視点からすれば、まず「学校という組織を守る」ということになるのだろう。しかし、組織としての学校を守るということはどういうことなのかと思う。彼はじきに卒業するのだからいずれにしろいなくなる。それをここで敢えてやめさせることが、学校の組織を守るということからしても、本当に必要なことなのか、疑問である。期待するのは「見せしめ効果」ということなのか。おおよそ他の生徒の人権が著しく侵害されたときくらいしか、「退学処分」などありえないようにも思うのだが、どうだろうか。

矢内原博士が、１９５２年、東京大学五月祭の挨拶で、「……日本の教育、少なくとも官学教育の二つの源流が東京と札幌から発しましたが、札幌から発した所の、人間を造るというリベラルな教育が主流となることが出来ず、東京大学に発したところの国家主義、国体論、皇室中心主義、そう言うものが、日本の教育の支配的な指導理念を形成した。その極、ついに太平洋戦争をひき起こし……」と述べ、「敗戦後、日本の教育を作りなおすという段階に、今なっておるのであります」と語ったその視点に立つのであれば、「子どもの人権を犠牲にして、学校という組織を守る」などということは、あってはいけないことだと思う。しかしなかなかそういう当たり前の結論に至らない。そこに強固な幻想を見ているのではないかと思う。

結局A君は「退学」という原案で職員会議が開かれた。２００2年のことだったと思う。当時、教育行政は職員会議の影響を抑え込み、校長の権限を強化して学校現場を自らの思いどおりに動かしたいと必死になっていたように思う。前の学校にいたころは、職員会議では採決を取り過半数の賛同を得られれば、まずそれがそのまま実行に移された。21世紀に入り、既設の学校でも職員会議で「採決」を取らせない、という教育委員会からの圧力は強くなっていたと思う。「『採決』という言葉を使うな、『賛否を問う』と言え」というようなやり取りがいろいろな場面で繰り返されていたように思う。１９９5年に開校した新設校で、それも県が多くの資金をつぎ込んで、肝いりでできあがった学校だ。以前の校長は「ここは県の直轄領だ」と豪語していた。これまで職員会議では「賛否」が問われたことはなかった。さてどうしたものだろうか。担任としての「立場」というものもあるが、それ以前にこの状況で、タバコ一本を吸ったからといって、退学などということがあっていいわけがないという思いもあった。

だからといって名案があるわけもない。しかたがないのでとにかく喋った。いかに彼をここでやめさせることが犯罪的行為であるか。こういう時に、応援してくれる仲間がいると楽なのだが、なかなかそう都合よくはいかない。ましてこれまで数々の問題を起こしてくれたA君だ。今ここでした発言の足をすぐにすくってくれる可能性も十分にある。そこいら辺は、十分に覚悟しておかないといけない。A君は極めて多くの問題を抱えた生徒であるが、それでも彼は曲がりなりにも学校の指導に従ってここまでやってきた。

それを「タバコを吸った」という一点だけを取り上げて、自由登校が目前に迫ったこの時期に「退学」という処分にすることが、いかに妥当性を欠くものであるか。大体「退学勧告」を出して、仮にA君が拒否したときには「懲戒退学」に切り替える覚悟はできているのか。思いつくことは、ほとんど言ったと思う。あまり記憶もはっきりしないが、1時間半以上は話し続けたように思う。校長は最後まで、「懲戒退学にする覚悟ができているか」という問いかけに対し、正面から答えることをしなかった。

こちらも引くわけにはいかないが、相手も意見を変える様子はなかった。どこまでも平行線が続く。どうやって最後決めるつもりなのだろうか。普通であれば、司会が「ご異議ございませんか。なければ原案通りでいきたいと思います」と言って校長の決裁ということになるのだが、異議はさんざん述べている。それにしっかりと答えるだけの説明、答弁は校長からも、担当者からもなされていない。司会者もどのタイミングで「では校長の決裁を」と言い出そうかと、迷っている様子だった。このまま校長に決裁させたのでは「退学」ということになるのは間違いない。ここで勝負に出た方がいいものかどうか迷った。どうしたものか迷ったが、わずかでも可能性に賭けてみることにした。「数を取ってもらえませんか」と言ってみた。開校以来それまでに職員会議で「賛否が問われた」ことはなかった。おそらく今回も、校長は賛否を問うことはしないだろう。さらに「賛否を問う」たとしても過半数の賛同を得られるという確証はない。否、状況からいうとかなりそれは厳しいことのように思えた。ところが意外なことに、校長が「わかった。賛否を問うていいよ」と言った。賛否を問うということは、校長はその結果に従うということなのだろうか。「退学処分」に賛成で、過半数の賛成を得られると踏んでのことなのだろうか。まったく先は読めなかった。

いよいよ挙手に移るかというそのとき、「賛否を問うと言われても、Aのことはよく知らないし、手など挙げられないですよ」という一人の同僚の発言が突然にとびだした。この期に及んで何を言いだすのかと思わないではなかった。若い頃、先輩から「生徒の処分においては、自分でよく考え、責任を持って手を挙げろ」と教えられた。もう時代はそういうことではなくなっているようだった。静寂が流れた。校長がこちらを見て、「もういいだろう」と、一言言った。どうしたものかと一瞬迷う。ここで数を取って、「退学処分」に賛成する票が多数を取れば、それですべて決まりとなる。こちらで「数を取ってほしい」と言った以上、その結果には従わないわけにはいかない。今思えばこの同僚の発言もそれを心配してのものだったのかもしれない。その状況においてなお、「いえ、賛否を問うてください」と言うことができなかった。結局、職員に賛否が問われることはなく、「退学勧告」ということで校長が決裁した。

何のための指導なのか

翌朝、出勤すると校長室に行くことにした。昨日、職員会議では職員に賛否を問うたわけではなく校長が決めた。であるならば校長が考えを変えさえすれば、それに伴って処分が変わったとしても特に問題はないように思った。往生際は悪くてよい。

校長室に向かい、校長室に入ろうとしたとき、廊下を反対側からA君の仲間が数人こちらに向かってくるのが見えた。彼らも校長に、話に来たような雰囲気だった。当然、彼らを待つことをせず校長室の扉をノックした。

校長室の中に入る。「Aのことについて話したいんですが」と言って、話し出した。言うことは、昨日ほとんど言い尽くしている。ほとんどが、繰り返しではあったが、いかに適性を欠いた処分であるかを繰り返した。A君が退学を拒否したら懲戒退学にするつもりがあるのか再度確認してみたが、明確な回答は戻ってこなかった。校長も往生際が悪い。

そのうち朝の打ち合わせにやって来た2人の教頭も加わって話は続いた。やがて職員の朝の打ち合わせの時間が近づいてきた。そんなことは構うことはないだろう。そのまま話し続けようと思ったが、彼らは立ち上がって打ち合わせに向かおうとするそぶりを見せた。校長が「どうしても処分を変えろと言うのであれば、私としてできるのはもう一度職員会議を開いて決めなおすことだ」と言った。そうであるのならば、ぜひそうしてもらえればよいのだが、そういう話にはならない。結局変えるつもりはないということだ。

校長室の外には先程こちらに向かってきていたA君の仲間がそのままいるようだった。おそらく聞き耳を立てているのではないかと思ったが、特に話すボリュームを抑えることはせずに話した。詳細な内容までは分からなかったと思うが、揉めている様子は十分聞かせられたと思う。それも含めて、少々演技をしておいた。校長が「決定」を変えることもまずないだろうからこの辺がいいところだったかもしれない。

翌日だったろうか、翌々日だったろうか、A君が母親とともに登校してきた。校長と向かい合って座る。

今回の一連の出来事について指導部より一通りの状況説明があり、事実が確認された。A君もお母さんも黙って聞いていた。やがて校長から「退学を勧告する」旨の申し渡しがあった。ずっと考えてきたのだろうか。A君の口からは「僕は悪いことをしました。退学処分にしてください」という言葉が出てきた。多少の気負いをともなっていたように感じた。校長は、それに答えることをせず、1週間考えて答えをもってくるようにと言ってその場は終わった。

後には担任である私と、A君とお母さんが残された。お母さんにはA君が問題を起こすたびに何度となく学校に来てもらっている。そのたびにいろいろと話をしてきたが、後のなくなったこの状況でいまさらこちらから言うことなどなかった。お母さんからも言葉は出てこなかった。当然のことだと思う。重苦しい空気の中で、A君の方を見ながら、「どうする」と切り出すと、「懲戒退学にしてください」と言う答えが返ってきた。それ以上お互い語ることもない。とりあえず今ここで決めることをせず、1週間考えてまた来るということで、A君は母親とともに帰って行った。

教頭室に行き、ひととおりのことが終わり彼らが帰ったことを報告した。成り行きが気になるのだろう、教頭が「どうだった」と聞いてきた。彼が言った言葉そのままに「懲戒退学にしてほしいと言って帰りました」と答えると、教頭が少々狼狽気味に「すぐに電話しろ」と言い出した。要するに「退学勧告」を受け入れて、退学届を提出するように説得しろということなのだろう。別に彼は退学になることに異論を示したわけではない。「懲戒退学にしてほしい」と言ったのだ。本人がいいと言っているのだから懲戒退学でもいいのではないか。いずれにしろ、彼は学校を去ることになり、変わりはない。しかし、なぜかそういう流れにはならないようだ。だから退学勧告を拒否された場合どうするのか。懲戒退学に切り替えるつもりがあるのか、再三確認したではないか。何をいまさら言っているのだろうかと思う。

「何を動揺しているんですか」と言うと、「動揺なんかしてないよ」と教頭は憮然とした様子で答えた。「別に今電話をすることもないでしょう。1週間考えて答えをもってこいと言ったのだから。1週間は放っておいて、考えてもらえばいいのではないですか。今、電話なんかしませんよ」と言うと、教頭はとりあえず了承した。

帰宅してしばらくすると、指導部の職員から電話がかかってきた。退学届が提出されるように指導してほしいというような内容だったと思う。僕はさんざん退学には反対した。後は退学にさせたい人間が、勝手にやめさせればいいのではないですか、というようなことを言ったと思う。決まった以上は、職員としてその方向でやってもらわなくては困るというようなことを言われた。しかし、僕は採決に参加したわけではない。校長が勝手に決めたことに従わなければならない道義的責任は少なくともない。

その週の中頃だったろうか、教頭室に呼ばれた。どんな様子だと言うから、「特に連絡も取っていないですよ。本人が『懲戒退学にしてほしい』と言っていたようにその方向でいいのではないですか。『別に自分からやめる必要もないのではないか』と言っておきましたよ」と適当に答える。実際に彼にそう言ったかどうかは覚えていない。「そういうことを言ってはまずいだろう」と教頭から言葉が返ってきた。まあ、そういうことになるのだろう。職務命令違反にでもなるのだろうか。こちらもうんざりしている。「そうですかね。気に入らなければ私を処分してもらっていいですよ」と答えると、「そういうことを言うな」と言われた。

校長は、「懲戒退学なんて重すぎるだろう。そんな必要はない」と言う。確かに「退学」にかぎらず、法的懲戒が出ると履歴書に書かなければいけなくなるので理屈からいうと重い。以前の職場では「3週間の謹慎より、1日の法的懲戒による『停学』の方が重い」ということをよくいわれたが、どんなものだろうか。役所の論理ではそういうことになるのだろうが。一般的な感覚からはずれているのではないかという気もする。そんなことよりもタバコ一本で「懲戒退学」などにできないということなのだ。それが大きな理由であることに間違いはない。懲戒退学にする覚悟もなく、安易に「退学勧告」などするからこういうことになる。情けないと思う。でもしたたかなA君のことだ。そのへんのところを見切って「懲戒退学にしてほしい」と言っているのだろうか。ふとそんな思いがよぎった。

1週間してA君がやって来た。やはり「懲戒退学にしてください」と言う。どうしたものかと迷った。このまま彼の言う通りにするのがいいのかもしれない。どうせ「懲戒退学」にすることはしないだろう。校長はどうするだろうか。おそらく説得するように言ってくるだろうが、それを拒否したならばどうするつもりだろうか。僕を担任から外すことまではしないだろうか。外されたら外されたで構わないが、いずれにしろ他の職員を使って「退学届」を出すように働きかけるのだろう。もう一揉め二揉めはするだろう。その結果どうなるだろうか。いろいろと考えてみた。

あまり揉めることは、彼にとっても良くないかもしれない。結局、A君に「退学届を書けよ。書いてやれよ」と言っていた。

彼が書いた退学届を受けとり、それに副申書を添えて教頭に渡した。

親しい同僚からは「最後まで戦えば、裁判しても勝てたんじゃないの」と言われた。おそらく裁判までもつれ込めば勝ったのではないかとも思う。「生徒を間に挟んで、あまり揉めるのはよくないと思う」とだけ答えておいた。

しばらくして、教頭がやってきて副申書を返してきた。見るとマーカーがそこら中に引いてあった。「こういうことを書くか、と校長が言っていたよ」と言う。事実を事実として書いて、「極めて残念である」とまとめておいた。気に入らなかったのだろうと思う。気に入らないように書いた。教頭に「そうですか。でも書き直しませんよ」というと、「大丈夫だよ。誰かに副申書を書かせて、それを付けていたようだよ」いう返事がかえってきた。

それから1年ほどがたった。あれ以来彼に会うことはなかった。突然にA君が現れた。話を聞くと、大検を受けて、大学を受験したという。「青山学院の国際政治学部に受かりました」さらに「国際政治学部は青山で一番難しいんですよ」と、自慢げに教えてくれた。「それはよかったじゃないか。凄いな」と言いながら、ふと彼の手元を見ると、いっぱいに何かが入ったポリ袋を持っている。「何だ、それは」と聞くと、「円形脱毛症の薬です」と言う。相当に頑張って勉強したのだろう。ストレスで円形脱毛症になったらしかった。でも見た目には全く分からなかった。

「彼が今ここで卒業したとしてもろくな大学へ行けないだろう。だったらここは退学して大検を受けて、来年それなりの大学へ進学した方がいいだろう」と校長が言った通りの結果になったわけだが、これでよかったという話になるのだろうか。管理職に報告することはしなかった。

当時は考えもしなかったが、だいぶ経ってから、校長は退学してからのA君に何らかの支援をしていたのだろうかとふと思ったことがある。もしそうであれば、校長も見上げたものだと思う。でもそれは考えにくいか。事実はどうだったのだろう。A君にもそのことを聞く機会はまだない。

組織マネジメントについて安冨氏は次のように言う

「組織マネジメントの根幹は、マーケティングとイノベーションとである。マーケティングは何かを売りつけるための手管ではない。それでは『販売』である。マーケティングとは、その組織が外部から何を求められているのかを察知し、それに組織の作動を適応させることである。この適応のために、自分自身を常に変えることが、イノベーションの本質である。もしマーケティングとイノベーションとが、完全にできるのであれば、販売は必要なくなる。

これがドラッカーのマネジメント論の根幹であるが、この方策のすべては、ハラスメントを抑制し、コミュニケーションを円滑にして、人々の創発性を発揮せしめることを目指している。組織は、容易に人々の権威主義的な側面を発揮させ、ハラスメントを蔓延させる傾向を持っている。そのようなことになれば、不安が広がり、人々は硬直し、組織もまた硬直化する。柔軟性を失った組織に創発性はなく、それではマーケティングもイノベーションも起きない。それを防ぐことがマネジメントの本質であり、そうしては

じめて仕事は円滑に行われ、全体主義への逃避を防ぐことが可能となるのである」(『生きるための経済学』ＮＨＫブックス)

この視点からA君の一件を見たとき、「退学させる」ことは、決して外部から求められていることではなかったと思う。外部から求められていたことは、彼を「良い」市民に育て社会に送り出すことではなかったのかと思う。学校という組織は自分をイノベーションすることをせず、硬直化した。そして創発性を失い、全体主義へと流れた。極めて分かりやすい事例であったように思う。

さんざんに県の偉いお役人から聞かされた「企業に学んでください」という言葉は何を意味していたのだろうか。「販売」だけ、「売り込むこと」だけを求めているのが、彼らの見ていた企業であったかもしれない。もっとも安冨氏の言う、この視点に立って組織マネジメントができている企業自体が日本に幾つあるのか、本当にあるのか。それは、はなはだ疑問ではある。

民間から学ぶべきモノがあるとすれば、このマーケティングとイノベーションの視点だと思う。否そうではなく、少なくとも多くの日本の企業自体が、このマーケティングとイノベーションの視点を学ばなくてはいけないのではないか。この視点がなかったために、日本経済の長期的低迷があるのではないかと思う。

さらに「罰」ついて考えてみると、「罰」には倫理的な罰と実用主義的な罰があるという。倫理的な発想では、自ら犯した罪を清算するために罰を受けなければならない。

「これに対して『実用主義』による刑罰は、罪を犯した者へのフィードバックと、社会全体へのフィードバックを目指している。死罪は個人へのフィードバックにはならないが、その見せしめ効果により社会には強いフィードバックが与えられる。同じ罪を犯したとしても、運がよければ（賄賂やコネが効けば）お目こぼしを受けられて、そうでなければ厳罰に処される。それでは不公平であるが、そこから生じる不満が、社会の安寧に影響しないのであれば、統治する側にとってはどうでもいい、という考えである。この場合には罪が倫理的に根拠づけられることはない。孔子が法制と刑罰とによる支配を否定するのも、このような実用主義を念頭に置いている」（『生きるための経済学』NHKブックス）

彼が受けた「退学」という罰が倫理的なものであったならば、「懲戒退学」で別段問題はなかったのではないか。彼は少なくとも発言上は、それを望んでいた。「喫煙」という罪を「退学」という罰で清算すればすんだはずだ。彼の受けた罰はどうみても実用主義による罰であろう。学校において実用主義的な罰は、あってはいけないのではないかと思う。しかし、残念なことに、それは学校というところに蔓延しているようにも見える。

この一連の出来事のあと、親しい同僚から「こんなことを言ったら悪いけれども、今回Aが退学になったのは、貴方が担任だったからだと思うよ」と言われた。その通りだと思う。A君には悪いことをしたかもしれない。

そしてこの出来事の後、運よくお目こぼしを受けられたと思える生徒もいた。少なくとも僕にはそう見えた。まあ、統治する側にとってはどうでもいいことなのだろう。

僕もこの翌年だったか、担任を希望したが外された。校長に理由を尋ねると、「君より優秀な人間がいたんだよ」という答えが返ってきた。まあそういうことなのだと思う。

「立場」についていた「役」を果たさなかったので、「安堵」されなかったということだろう。

河合隼雄氏は言う。

「問題児というのは、われわれに『問題』を提示してくれているのだ。と私はかつて言ったことがある。学校へ行かなくなった子は、大きい『問題』を親や教師に提示しているのである。それは『学校のあり方は今のままでいいのか?』、『お父さん、お母さんは結婚ということをどう思っているのか?』、『現在の社会はどこかひずんでいないのか?』というような疑問にさえつながってくる。彼らは、われわれにその『解答』を迫っているのだ。

生徒に『問題』を提出して、生徒が解けなかったら叱るのに、生徒が提示した『問題』を解こうとしないばかりか、生徒を非難したりするのは、大人の側がちょっと身勝手なのではなかろうか。親も教師も、もっと『問題』を解く姿勢をもつことが必要と思われる。そして、それは単にどんな『対策』によるかなどというのではなく、後にも述べるように、自分自身の生き方について深く考え直すことにも通じてくるのである」(『子どもと学校』岩波新書)

A君は、「学校へ行かなくなった子」ではなかったが、彼は実に多くの問題を提示していったと思う。彼が提示していった問題は真摯に受け止めなくてはいけない。解く努力をするその先に創発があるかもしれない。

価値ある教育

僕が最後に勤めた県立高校の横浜旭陵高校は、神奈川県で最初の単位制普通科高校の神奈川総合高校をモデルとしてつくられた高校だった。県の金のかけ方が桁違いに少ないので、選択科目の数、施設、設備は比べるまでもなかった。しかしそのような状況においても、学校生活そのものはかなり自由で制服もなく、頭髪等に関する制約もなかった。神奈川総合同様にホームルームクラスでの授業もなく、留年はなく、3年間で決められた単位数を修得できれば、卒業できた。各自が自分専用の時間割を持っている。授業のない空き時間は、校内にいるのであれば決められたスペースにいることになっていたが、別段校内にいなければいけないということではなかった。

転勤していったときに教頭に会うと、開口一番「ここはね。隠れた名品だよ」と言った。教頭とは以前同僚として一緒に仕事をしたことがあった。いざ勤めだしてみると教頭の言う通りだった。システムは神奈川総合高校をモデルとして同じようなものを踏襲しているが生徒の学力は対極にあった。一方の生徒が、学力での輪切りの比較的上層部であるならば、他方の生徒は輪切りにされた最下層に位置していたといっていいだろう。「勉強」の得意ではない生徒がほとんどだったと思う。その生徒たちが、中学校の2倍近い90分の授業を受けていた。仕方なく受けているのかもしれないが、少なくとも授業は静かに進んでいく。

課題のプリントを配れば、ほとんどの生徒が熱心に取り組んでいたと思う。教科書をしっかりと見ればできる、そんな簡単な内容ではあるが、しっかりと空欄を埋めていく。やれば確実に結果が出るということ、その実感が大切なのかもしれない。その姿を見ていて、学ぶということは何なのかと、考えさせられた。

ここに来る前に勤めていた学校は、ほとんどの生徒が大学に進学する「進学校」だった。生徒全員を対象にして、授業を潰して学校で模試をやっていた。1年生を対象に、土曜日に全員登校させて講習を実施していた。なぜ全員に模試をやらせる必要があるのか。話し合った記憶もないし、その意義について説明されたこともなかった。土曜講習についても、何を目的にするのか。はっきりとしたことを聞いた記憶がない。だいたい模試を学校で全員にやらせることが教育なのか、と思う。それによってどのようなことを学び、どのような学力がつくというのか。それらに対するしっかりとした考察もせずに、当然のように保護者に模試の費用を負担させる。中には留学する生徒もいるし、専門学校へ進学する生徒、就職する生徒が数は少なくともいることはある。彼らにも模試を自動的に受験させ、その費用を負担させる。きわめて雑なことだと思う。彼らにとって、このことに費やした時間とお金はどういう意味を持つのか。誰も説明しない。教育委員会も問題にしない。

授業中に内職をしている生徒もいる。受験に関係のない科目の時間には、塾の宿題でもやっていた方が確かに効率的ではあるだろう。管理職からはよく「授業中に寝ている生徒は起こしてください」としつこく言われたが、「内職をしている生徒はやめさせてください」とは一度も言われたことはなかった。

文科省は「確かな学力」と言っているように思うのだが、「勉強する」ということは、いつから「受験勉強をする」ということになったのかと思う。その違いについて考えてみるなどということは、県の偉いお役人には思いも及ばないことなのだろう。

この「勉強」と言ったら「受験のためにするもの」でしかない生徒に比べて、横浜旭陵高校の生徒たちはよっぽど良い学びをしていたのではないかと思う。実に多くの生徒が、着実に「確かな学力」を伸ばしていたのではないかと思う。

旭陵には「ズーオロジー」という実に面白い科目があった。横浜旭陵高校は「ズーラシア」という動物園に隣接している。校門を出て、ズーラシアの正門まで5分ほどだったろうか。教室で授業していると、よく動物の鳴き声が聞こえてきた。その動物園に行って動物を観察し、学校での授業でいろいろと調べ、動物と人間の関係について考える。「ズーオロジー」は、そんな科目だった。1年間の授業の最後には、仲間の前で自分が観察し、調べてきた動物について説明する。2年間続けて履修した生徒の最後の授業は、動物園に来園したお客さんに対して自分が観察し調べてきた動物について解説するそんな授業だった。動物が好きな生徒が希望して履修してるのだから当然といえば当然なのだろうが、彼らはよく学習し、そしてよく伸びた。他のことでは人前で説明などできそうもない生徒が、こと自分の担当した動物のことについてとなると大勢のお客さんの前でも見事な解説をする。それは「自分の担当した動物」という限られたものではあるけれども、彼らのプレゼンテーション能力の伸びには目を見張るものがあったと思う。

とにかく聞いてくれる人にいかに理解してもらうか。よく考え工夫する。自作の模型でフクロウの首の回り方を説明する生徒。どこで調べてきたのだろうか、カピバラの毛の感触だと言って、亀の子タワシをもって来てお客さんに触ってもらって説明していた生徒もいた。

横浜旭陵高校と神奈川総合高校のことを考えるとき、日本の教育、さらにそれに対する教育行政のあり様を見る思いがする。

学力で輪切りにされた上と下、両極に位置する生徒たちである。その違いを見るとき、家庭の経済状態が学力に与える影響の大きさを実感する。経済的なゆとりがなくなると、子どもの進路選択への制約も必然的に大きくなる。進学するにしても学費をどうするか。自分で考え、心配しなくてはいけなくなる。大学に行きたいと言えば、当然のように親が学費を負担してくれ、そのために塾に予備校に行きたいと言えば、黙って行かせてくれる家庭とは明らかに違う。学費の目途が立たずに、進学することを諦めて就職していった生徒もいた。複雑な家庭の事情を抱えた生徒も多くなる。彼らにとって学校は貴重な学びの場であるとともに、大切な生活の場であることは間違いない。「学校は勉強のできない子のためにこそある」という視点に立てば、学力で輪切りにされた下の学校にこそ手厚く予算を配分し、教育環境を充実するべきであると思うのだが、どうもそういうことにはならない。どこかの進学校の校長が、「真のトップリーダーを育てることが使命です」と言っていたが、しっかりと考えた上で、言っているのだろうか。単に耳触りのいい言葉を流しているだけではないのかと思う。言葉が軽い。「真のトップリーダー」がいると思うところに幻想があり、仮にいたとしても、それを育てることができると思うところに錯誤があるように思う。そんなことよりも「賢い市民」を育てることこそ学校の最大の使命ではないか。それにより社会の底上げができ、成熟した社会になると思う。そしてそのような社会においてこそ、一人ひとりの個々人が、充実して実り多い人生を送れるようになると思うのだが。「偉いお役人」はそういうことには興味がないようだ。

少子化の流れの中で、神奈川県ではこれまで数十校の県立高校が廃校になってきた。そのほとんどの学校は、輪切りの下の方に位置していたと思う。旧学区のトップ校で、廃校になった学校はない。そのような学校には立派な同窓会がある。何かあれば金を出してくれるのだろう。何周年記念だと言えば、数千万円単位、場合によっては億に届く金が集まる同窓会もあるかもしれない。敢えて金づるをなくすことはないということかもしれない。

学力で輪切りにされた下の学校にいくほど、複雑な家庭の事情を抱えた生徒も多くなる。その分問題行動が起こることも多かったようには思う。しかし、全体として見れば、多くの生徒は一人ひとりが置かれた状況の中で、しっかりと学校生活を送れていたように思う。「学力」と「人としての学んだこと」は必ずしも一致しない。「学力が高い」から、しっかりした行動をとることができるのではなく、しっかりした行動をとることができる人間がしっかりした行動をとる。一握りの問題行動を起こす生徒を取り上げ、あるいは「その影に怯える」と言っていいかもしれない、生徒全体の行動を制約する必要はないと思った。間違いなく横浜旭陵高校は、教頭の言ったとおり「隠れた名品」だったと思う。

しかし、転勤していって3年4年とたち、管理職も変わり、職員も徐々に入れ替わる。すると、だんだんと生徒を管理したがる雰囲気が出てきた。校長が制服を入れたがった。ホームルームも週1回だったものが、生徒の状況を把握するために複数回必要だという話になってくる。特に大きな問題もなく、それなりに多くの生徒は自覚を持って行動できているというのになぜそうも干渉したがるのかと思う。確かに服装はだらしない生徒はいる。奇抜な格好をしている生徒もいる。しかしだからといって、とくに大きな問題があるとは思えないのだが、どうもそうではないらしい。とにかく見た目を気にする。なんだかんだと理屈をつけて、2017年から標準服を採用することにした。これで各家庭に数万円の出費を強いることになる。それに見合うだけのものがあるのだろうか。

そして教育委員会は、それと呼応するようにやはり2017年から、何らまともな説明をすることなく、横浜旭陵高校を単位制普通科から年次進行型単位制普通科へと変えた。神奈川総合高校は単位制普通科のままだった。この対応の違いについて教育委員会が語ることはなかった。おそらくそれを説明するだけの力は、「確かな学力」についてすら語ることのできない教育委員会にはない。そこに差をつけることの必然性を裏づける事実はないのだと思う。まあ、横浜旭陵高校の廃校に向けての布石だったのかもしれない。

学力が高くなくても校則でしばる必要はない。多くの生徒はしっかりと自ら規律をもって生活できる。そういう成功事例を教育委員会は残したくなかったのかもしれないとさえ思えてくる。

そして次の統廃合で横浜旭陵高校は近くの旭高校と統合されることとなったようだ。校長が制服を入れたいとしきりに言っていたとき、「そんなことをして金太郎飴の一番下につけたら、次には切られますよ」とさんざん言った。そして、それに対する納得のいく答えを校長から聞けることはなかった。そして残念なことだが、その通りになったと思う。使う敷地は横浜旭陵高校ではなく合併相手の旭高校。ズーラシアからの距離を考えるとおそらく「ズーオロジー」もなくなるのだろう。あれだけ多くの生徒が成長でき、「確かな学力」を伸ばした、少なくとも私はそう思っている、科目がなくなることはとても残念に思う。まさにそこに「創発」があったと思う。そんなことに教育委員会の偉いお役人は興味がないのだろう。

前述したように文部官僚、寺脇研氏は「学校はできない子のためにある」と言っていた。彼の本心がどこまでそこにあるかは定かではないが、僕はその通りだと思う。社会は底上げしてこそ成熟していく。しかし、世の中どうもそういうことにはならないようだ。

県の「偉いお役人」の興味は、極論すれば最近は「公立高校からの東大合格者数」だけではないかと思える。それも東大に送り込んだ生徒の品質には興味がない。情けない限りだ。

「日本の教育は根底から間違っている」(『安田講堂1968年―1969』中公新書)

「近代日本の教育過程では『人間性の尊厳』、あるいは三島の言を借りれば、『人間性の恐ろしさ』についての教育が、一貫してまったく無視されてきた。そこでは、私たち人間の善も悪もまるごと教える、あるいはまるごと体験する学習体系が欠けていた。そのために、個々人がその精神成長過程の間に世界観を作り上げる作業を行う手がかりさえ失っていた。

日本の教育はただのクイズとその回答集になり下がっていた。

『重要なのは頭の問題ではなくて、要領の問題である。そうでなくて、人間が数学と物理と国語と英語と生物と図画工作と音楽の点がそろってよくなるわけはないではないか。要領で東大に入った私が言うのだからまちがいはない』（小中、１９６９）

私も小中陽太郎の言に完全に同意する。東大に入るためには、頭のよさも才能も学問への情熱も知識に対する渇望も、まったく必要ない。決められたクイズへの回答を手際よく処理する要領をつかんでいるかどうか、ただこれだけである。そのとき、質問者のレベルを、『どうせ、こんな程度の回答を要求しているだけだ』とみくびっていなければならない。クイズの回答ごときが、学問への深い理解を要求しているはずがないからである」（『安田講堂１９６８―１９６９』中公新書）

と島泰三氏は言う。昨今の「東大王」などのテレビのクイズ番組での東大生の活躍は、見事にこの指摘を証明しているといえるのではないか。前に述べた大学院で実験の面倒を見てくれた職員の女性が「最近は東大に入ることがずいぶん難しくなっているのよ。でも学生の学力は落ちている」と言っていたことを思い出す。それはこのことを言っていたように思う。彼女は、周りの学生と接しながら、しっかりとその実態を捉えていたのだと、改めて思う。島氏がこのことを述べてから20年近くが過ぎた。自体はさらに進行しているように見える。

島氏はこうも続ける。

「もっとも同じ問題でも、見る者によって色が変わる。評論家大宅壮一は言う。

『たいていの家庭では教育マダムを中心に、幼稚園時代から受験体制を整えて、家ぐるみで大学へ大学へと子供を追い立てる。だから、子供たちはいっさいの欲望を押さえられて、受験用のロボット人間に育て上げられる。（中略）結局、それらの人間が大学に入ったトタン、やれやれといった気持ちになって奪い去られた青春をとりもどそうとする。大学に入ること自体が目的であったのだから、学問などというものはどうでもよい』（大宅、1969）

評論家にかかると、教育の問題はごく矮小化され、また実に分かりやすくなる。『すべては『教育ママ』の責任である』と。戦後日本文化を代表するのは『評論家』と『タレント』の横行だが、それはクイズ文化の落とし子であり、学問の深みにはまらないように、上っ面だけをなぞって自分の責任とは無関係にあらゆることに回答する要領のよい頭の見本である」

このことも、東大理科三類に4人のお子さんを進学させたマダムをはじめ、東大にお子さんを入れたマダムが何人も本を出されて、情報発信している現実をみると、そうなのだろうと納得する。「東京大学」がスタンダードな指標となっている以上、そこに合格させたか、何人合格させたかは極めて分かりやすいゲームとなっているのだろう。

これは何も「マダム」に限ったことではない。近頃では、当たり前のことのように公立高校までもがこのゲームに参加し、私立に後れをとっていた分、その成果を上げることに狂奔しているように見える。率先して生徒に手際よいクイズへの回答方法を習得させることに熱中している。愚かなことだと思う。

島泰三氏は、東京大学理学部を卒業している。人類学教室に在籍していた1969年1月18日、彼は本郷学生隊長として安田講堂の中にいた。逮捕されて懲役2年の判決を受けたようだ。その後、京都大学で博士号を取得する。『ヒト――異端のサルの1億年』など「サル」に関する書籍を中心に幅広く数多く出版している。房総自然博物館の館長を務めるなど市井の科学者として活動してきた。東京大学には、彼の求めた学問はなかったということなのだろうか。

「東京大学へいくということ」は、とても魅力的なことなのだと思う。だからこそ無条件にスタンダードな指標となりえたのだろう。

矢内原博士が「日本の教育を作りなおすという段階に、今なっておるのであります」と述べてから70年の時が過ぎた。

東大の改革においては、吉見俊哉氏がターニングポイントと言った東大紛争からも半世紀余りが過ぎた。しかし東京大学は当初目指したと思われるリベラルアーツの大学には、まだなり得たという状況にはないように思う。

そして巷では、学力の、経済力の上層においては、東大へ行くために「クイズへの回答を手際よく処理する要領」を子どもにつかませることに注心しているように見える。その結果「東大に入ることはずいぶんと難しくなったが、学生の学力は落ちている」という状況を生みだし、そしてそれが加速しているのではないか。

そして経済力、学力で輪切りにされた下の層に対しては、教育行政は巧みな言葉を使いつつ、予算を出し惜しんでいるように見える。前述したが、寺脇氏の言によれば、元文部事務次官の木田氏は、「学校っていうのは、勉強のできない人間のためにあるんだよね」と言っていたという。しかし、多くの「偉いお役人」には、このような視点があるようには思えない。自らの保身のため、出世のためにならないことには、あまり興味はないように見える。残念なことだと思う。

「確かな学力」は、学力が高いからといって伸びるのではない。学力がそうは高くないと思われる生徒こそ、「クイズへの回答を手際よく処理する要領」を気にする必要がないから「確かな学力」は着実に伸びていくようにも思う。

文科省が、「ゆとり教育」以来必要と言い続けてきた「確かな学力」に、空念仏ではなく魂が入っていくことを願っている。それは「ガラガラポン」などでできることではない。

それは、現場で教員と生徒が、地道に創発的コミュニケーションを続けることにおいて育っていくもののように思う。

終わりに

「祖母と二人で疎開していた先で終戦を迎えるが、この夏休みをはさんで世の中が変わった。夏休み前まで『日本は神国で天皇は神、米英は鬼畜の類』と言っていた教頭が、『これからは民主主義の社会で、米軍は解放軍だ』と言う。「潔く切腹するはずだった軍人」は彼の期待を裏切った。高木少年の中に不満感とやり場のない憤りが残る」

１９４５年夏、高木仁三郎氏が少年のときに感じたことだ。

小学校2年生のときだったと思う。担任の先生が「１９４５年8月15日を境に日本の教師は言うことが変わった」という話をしてくれたことを覚えている。細かい先生の表現は記憶に残っていないが、「そのようなことが二度とあってはいけない」という先生の思いは今でも伝わってくる。

もう40年以上前になるが、教員になった。そう高い志をもって教員になったわけでもなく、ほかにやりたい仕事があるわけでもないので、「教員にでもなるか」くらいの気持ちでなったように思う。しかしそのとき、小学校2年生のときに聞いた先生のこの言葉を思い出した。そしてそれからの長くなった教員生活で、この言葉だけは常に私とともにあったと思う。

私が教員になったとき、教育基本法の第10条には、

教育は、不当な支配に服することなく、国民全体に対し直接に責任を負って行われるべきものである。

と書かれていた。そして2項で、
教育行政は、この自覚のもとに、教育の目的を遂行するに必要な諸条件の整備確立を目標として行わなければならない。

と書かれていた。

教育行政がやるべきことは「必要な諸条件の整備確立」ということになる。教育は、「国民全体に対し直接に責任を負って行われるべきものである」と言っている以上、責任を持つのは一人ひとりの教員だと思っていた。そのことが、１９４５年8月15日のようなことが再び起こらないことに繋がっていく。

しかし、２００６年12月22日に変えられた新しい教育基本法からは「教育は……国民全体に対し直接に責任を負って行われるべきものである」という文言が削られた。国は、教育を国民全体に対して直接に責任を負って行われては困るということなのだと思う。困る人々がたくさんいるということなのだと思う。

これは別に教育だけの話ではないように思う。「僕の契約相手は国民です」というのが口癖だったという、森友事件で亡くなられた赤木俊夫さんは、直接国民のために責任をもって仕事をしていたのだと思う。そしてそのことにこだわったために、ハラスメントを受けて、亡くなられてしまったのではないかと思えてならない。

「教育は……国民全体に対し直接に責任を負って行われるべきものである」とはどういうことなのだろうか。

しかし、それはそう難しいことではないのかもしれない。

それは一人ひとりの教員が、自ら「確かな学力」を育てていくことで、必然的にできてくることではないのかと思う。

それには、まず「知る」、創発的コミュニケーションをすることで「広く知る」、そして人の頭ではなく、自分の頭で考えることで「正しく知る」ことが大切なのではないか。

一人ひとりの教員が、これを繰り返していくことで、生徒とともに「確かな学力」が育っていくように思う。

県立高校で教員生活をする上で、3つ、これだけはしないということを決めていた。

1、安易に「報連相」（報告・連絡・相談）をしない。

2、「忖度」はしない。

3、外部からの電話を取ったときに、向こうから名乗ってこなければ、絶対にこちらの名前は言わない。

退職のとき、親睦会での挨拶でこのことを話した。すると翌日、若い教員が近づいてきて、「報連相は、するなですよね」と言ってきた。「そんなことは一言も言っていないよ。安易に報連相はしないと言ったんだけどね」と訂正しておいた。必要な「報連相」はしないとまずい。当たり前のことだと思う。しかし、安易に「報連相」をすると、ブルシット・ジョブが増える、そんな例は、挙げればいくらでも挙がってくると思う。

一つ例を挙げておきたい。

ある時同僚の教員がフロッピーディスクを無くした。それには2年ほど前の生徒の成績関連のデータが入っていたらしい。真面目な彼は「報連相」をした。それからが大変だった。

職員が全員集められ、一斉に身辺付近から探し始めて、至る所を調べさせられた。一度ならず、何度か。時には県からお役人が来て、同席して行われたこともあったかもしれない。

県からの指示があったのだと思う。保護者を対象に「説明会」も開かされたようだった。当該職員の処分の話も出てきたように思う。

ところが、これとは全く関係ないが、生徒の授業料を引き落とすために県が集めた保護者の銀行口座のデータが、委託していた日本ＩＢＭの子会社から流失した。10万件ほどだったかもしれない。

その瞬間から、「フロッピーディスク紛失」の話は、全くされなくなったように思う。

県から流失したデータは、１０００万円の価値があるというような話も伝わってきた。２年前の生徒の成績のデータは、いくらくらいの価値があるのだろうか。考えるまでもないと思う。

だいたい「生徒の成績のデータ」は、流出したわけではない。所在が分からなくなっただけだ。それも、それからややしばらくして出てきたようだった。

だいたいにおいて、本来、保護者説明会までして騒がなければならない内容ではなかったということだと思う。一連の騒動は、ブルシット・ジョブだったのではないか。「報連相」さえしなければ、それは事実として存在することはなかった。

銀行口座の方は、ちょうどうちの子どもが高校生の時期で、僕の口座データも流出したということだった。県の担当部署に電話をしてみた。出た若そうな吏員と話していると「私どもにも責任があるので」という表現をつかった。「私どもにも」おかしくないですか。「私どもの責任」ではないのですか。僕は県を信用して銀行口座のデータを提供したのであって、日本ＩＢＭの子会社に渡していいなどと承諾したことはない。県のお役人の意識はその程度のものだった。

どの程度の影響が考えられるのか。「説明会」をすべきではないか、してほしいと要望してみたが、最後まで説明会をすることはなかった。「説明会」をすると大変なことになることをよく知っているのだと思う。あとから電話口に出てきた上司は、「どこへでも個別に説明に上がります。説明会は予定していません。ご了承ください」と、繰り返し言っていた。

フロッピーディスクに比べれば、説明しなければならない内容はいろいろとあるように思うのだが、説明したくないようだった。

安易な報連相が、多大なブルシット・ジョブを招いた例は、挙げればまだまだ挙げられるが、やめておく。

大切なのは、素早く「報連相」をすることではなく、「報連相」をする必要があるかどうか、自分で正しく判断できるようになることだと思う。

高木仁三郎氏は、「黙っていると賛成したことになるのでなるべく発言した」という彼は、いつの間にか「造反教官」になっていたという。

「黙っていると賛成したことになるので発言する」。これはとても大事なことだと思う。「反対だけれども、黙っている」、これはいろいろな場面で、常に起こっていると思う。また、校長もお役人も、「偉い人」は忖度してそうしてくれることを望んでいると思う。しかし、彼らも自分が決めてやる以上は、反対を押し切ってやったという自覚は常にもっていただかないとまずい。そうでないと、ただでさえ、ややもすると責任と向き合うという姿勢に乏しいのに、すべて人ごとになってしまうと思う。「反対があった」という事実は、公の場で残しておいてこそ価値があると思う。

しかし、「忖度しない」というのも結構疲れる。

「確かな学力」それは「自分の頭で考える」ことで育ってくると思う。「確かな学力」は、生徒がつければいいというものではないように思う。

一人ひとりの教員が、「確かな学力」を伸ばしていくことで、そのことによって生徒の「確かな学力」が伸びていくのではないか。

そして、「偉い大人」こそが「確かな学力」を一番必要としているのではないかと思う。

「偉い大人」が、「確かな学力」をもつことができれば、日本は異次元の国に変わっていくのではないかと思う。

子どもはやがて大人になる。一人ひとりの個々人が充実した人生を生きられる異次元の国に、日本が変わっていくことを願っている。


最後に、本書の題名は、1983年、週刊文春8月11日号の「糸井重里の萬流コピー塾」に掲載された、友人の松元一師氏の作品から拝借した。

改めて調べてみると、実際に掲載された作品は、

「東京大学」というテーマで、

「ぼくは行かなかったけどね、いいところじゃない？」

というものだった。40年の時を経て、私の意識の中で若干形を変えていたようだ。

使うことを快諾してくれた氏に感謝する。

2023年8月

【著者紹介】

小田切秀穂（おだぎり・ひでほ）

1956年横浜市生まれ。
1980年、京都大学農学部卒業。神奈川県立大野山乳牛育成牧場勤務を経て、神奈川県立高校の教師となる。1985年退職し、東京大学大学院理学系研究科へ進学。1987年修士課程を修了し、再び神奈川県立高校へ就職し、2017年3月定年にて退職するまで県立高校に勤務。定年後、中学校、高校、予備校、大学に、非常勤講師として勤務し現在に至る。

「東京大学、いいところなんじゃない。
僕、行かなかったけどね」

日本の教育「確かな学力」をもとめて

2023年12月31日発行　著　者　小田切秀穂
発行者　海野有見

発行所　株式会社 22 世紀アート
〒103-0007
東京都中央区日本橋浜町 3-23-1-5F
電話　03-5941-9774
Email: info@22art.net　ホームページ：www.22art.net

発売元　株式会社日興企画
〒104-0032
東京都中央区八丁堀 4-11-10 第 2SS ビル 6F
電話　03-6262-8127
Email: support@nikko-kikaku.com
ホームページ：https://nikko-kikaku.com/

印刷
製本　株式会社 PUBFUN

ISBN：978-4-88877-278-5